U0955304

作者简介

琳达·坎贝尔（Linda Campbell）博士在 K-12（幼儿园到高三阶段）和高等教育方面有 35 年的工作经验。她创建了示范项目，致力于提高学生学习和教师教育水平。2002 年美国西雅图安提俄克大学成立本土教育中心（Center for Native Education, CNE）时，琳达曾担任该中心的执行董事。作为总监，琳达启动了很多项目，包括比尔及梅琳达·盖茨基金会资助的针对当地青少年的大学先修课程计划（Early College High School Initiative），并与学校、社团合作实施“新道路”。这是由教育基金会资助的高等教育代际模式，在那里，受教育程度不足的青少年和成人一起学习，以提高大学入学的成功率。此前，琳达制定了第一个人民教师教育计划，以及安提俄克的教师资格认证和在职培训计划。在 K-12 方面，她在公立学校任教 12 年，并被美国国家教育协会评为学校变革的推行者。琳达曾撰写过诸多文章和书籍，其中包括畅销书《通过多元智能进行教学和学习》（*Teaching and Learning Through Multiple Intelligence*），并获得了若干教育奖项。其电子邮箱为：lindacampbe1148 @yahoo.com。

布鲁斯·坎贝尔（Bruce Campbell）博士在诸多教育领域拥有着 30 年以上的经验，并撰写了大量文章和书籍。作为教师，他开发了一个全国知名的基础模型，整合了日常教学中的直接教学法、学习中心和学生项目。布鲁斯目前在美国马里斯维尔校区教授有进阶需求的学生，并指导刚入职的教育工作者。他经常在全国性会议上发言，并为 50 个州的政府和教育机构提供咨询服务。此外，他指导过的教育工作者遍及全球。他的研究重点是如何改进教学，以及如何激发所有年龄段学生的学习热情。其电子邮箱为：bcampbell@teacher.com。

新课堂学习译丛 | 主编 盛群力

专注学习

给师生的101条课堂策略

[美]琳达·坎贝尔 [美]布鲁斯·坎贝尔 著

仇晓春 葛益岑 译

盛群力 审订

浙江教育出版社·杭州

Authorized translation from the English language edition, entitled *Mindful Learning: 101 Proven Strategies for Student and Teacher Success (Second Edition)*, by Linda Campbell, Bruce Campbell, Copyright ©2009 by Corwin Press.
All rights reserved. No part of this book may be reproduced or transmitted in any form or by any means, electronic or mechanical, including photocopying, recording or by any information storage retrieval system, without permission from Corwin.
Chinese Simplified language edition published by ZHEJIANG EDUCATION PUBLISHING GROUP CO.,LTD., Copyright ©2022.

本书中文简体字版专有翻译版权由Corwin授予浙江教育出版社集团有限公司。未经许可，不得以任何手段和形式复制或抄袭本书内容。

图书在版编目（CIP）数据

专注学习：给师生的101条课堂策略 /（美）琳达·坎贝尔（Linda Campbell），（美）布鲁斯·坎贝尔（Bruce Campbell）著；仇晓春，葛益岑译. -- 杭州：浙江教育出版社，2022.9
（新课堂学习译丛）
书名原文：Mindful Learning: 101 Proven Strategies for Student and Teacher Success
ISBN 978-7-5722-3241-1

Ⅰ. ①专… Ⅱ. ①琳… ②布… ③仇… ④葛… Ⅲ. ①课堂教学－教学研究 Ⅳ. ①G424.21

中国版本图书馆CIP数据核字(2022)第061540号

引进版图书合同登记号　浙江省版权局图字：11-2022-028

专注学习：给师生的 101 条课堂策略
ZHUANZHU XUEXI: GEI SHISHENG DE 101 TIAO KETANG CELÜE
［美］琳达·坎贝尔（Linda Campbell）［美］布鲁斯·坎贝尔（Bruce Campbell）著
仇晓春　葛益岑　译　　盛群力　审订

责任编辑　姚　璐　王晨儿　　美术编辑　韩　波
责任校对　洪　滔　　责任印务　曹雨辰
封面设计　观止堂_未氓

出版发行　浙江教育出版社（杭州市天目山路 40 号　电话：0571-85170300-80928）
图文制作　杭州林智广告有限公司
印　　刷　杭州佳园彩色印刷有限公司
开　　本　710mm × 1000mm　1/16
印　　张　14.25
字　　数　240 000
版　　次　2022 年 9 月第 1 版
印　　次　2022 年 9 月第 1 次印刷
标准书号　ISBN 978-7-5722-3241-1
定　　价　58.00 元

如发现印装质量问题，影响阅读，请与本社市场营销部联系调换。联系电话：0571-88909719

总　序

智能时代需要发生学习变革。“新课堂学习”来了，大家准备好了吗？“新课堂学习”是时代的呼唤。“新课堂学习”实际上可以看成是“新课堂”和“新学习”的集合。“新课堂”是指学习环境的变革，在学习时间上实现长短结合、模块组合和交错学习多样态结构；在学习空间上打通教室、校园、社会和网络的链接，贯彻实（体）虚（拟）一体化要求，以此满足教学的时间和空间更加适合学生个性化和差异化发展的需要。“新学习”需要我们准确理解“学习”的含义，将学习者内部心理结构的变化和外部行为动作的表现结合起来，确保通过课堂教学促使学习完整地发生。只有内外协调一致，才能真正做到学有所得和实现迁移。内部心理结构变化是基础，是根本，外部行为表现是目的，是结果。准确或者辩证地说，我们应该将两者看成是“以内养外，以外表内，内外协调，表里贯通”的关系。

在学习过程中，我们要做好“选择”“组织”“整合”这三项工作。在学习任务的类别上，要区分“是什么”“如何做”“为什么”之间的差异，尤其要重视“为什么”知识的内化和外化，在动力、策略和原理培育上下功夫。要依据不同的知识类型（学习目标）来开展有针对性的教学，同时也倡导依据不同的学习任务类型，扶放有度地为学生提供指导，培养学生的自我调节、自主发展能力。要依据学习目标达成度开展评估，同时开展形成性评估和自我评估。我们要理直气壮地提出“学教统一”，调动师生双方的积极性。

不学习，无教育；不知学，焉知教。“新课堂学习”首先为智能时代的教师学习服务，其次为教师教学服务。落实核心素养培育、推进减负增效、加快作业与评价改革等都需要教师潜心学习、锐意改革，从教教材走向教能力，从考教材转为测水平。在这样的学习环境中，学生成为焦点，学习位于中央；教师俯身指导，教学旨在促进；扶放有度教学，学教形成合力；培育素养为重，实现迁移为本。

“新课堂学习译丛”正是应这一时代变革需求而推出的。译丛包括《元认知学习：策略、活动与课例设计》《专注学习：给师生的 101 条课堂策略》《深度学习：7 种深入、持久学习的课堂策略》《综合学习：从 STEM 迈向 STEAM》《12 条脑智学习原理运用：提升高阶思维和执行功能》五本书，由浙江大学教育学院盛群力教授主持策划和组织翻译。参加翻译的学术成员主要是浙江大学课程与学习科学系的教师、研究生和访问学者等。所选择图书主要面向中小学一线教师，主题涉及元认知发展、专注学习、深度学习、跨学科教学的策略以及脑智学习的原理与运用。这套译丛观念新颖，可读性强，图文并茂，具有较强的操作性，能够很好地指导教师开展教学实践。其比较明显的优势是汲取了脑科学发展与学习科学研究的营养，重点阐释了“新课堂学习”需要的教学策略与方法。这些策略与方法是原来的教育学、课程论和教学法书籍中较少涉及或者没有具体展开论述的，相信可以帮助教师达成“新课堂学习”的目标以及完成相应评价。

衷心感谢浙江教育出版社将“新课堂学习译丛”列入出版计划，衷心感谢浙江教育出版社学术出版中心的编辑团队为精心推出译丛所付诸的辛劳，衷心感谢翻译团队为交出翻译成果协力同心。希望“新课堂学习译丛”能为提升教师教学效能、提升学生学习效果与促进学生发展起到添砖加瓦的作用。

2021年12月21日于杭州

前言

本书采纳了第一版读者所提出的一些有意义的见解和建议，还借鉴了教师、顾问和作者布鲁斯·坎贝尔的专业知识。这个版本更新了超过 50% 的新内容，反映了提高学生学习成绩方面的最新研究。新增的其他内容还包括新策略与图示等，并更强调提高对非主流学生的教学水平。同时，按照一致性原则，本书在内容编排上调整了策略分组，交叉引用将帮助读者更轻松地找到所需内容。作者非常感谢读者的反馈，并欢迎读者继续提出建议。

致谢

感谢编辑马克·戈德堡（Mark Goldberg），如果没有他，本书的出版工作不会进行得如此顺利。感谢戈温出版社（Corwin Press）对本书的认可。同时，我们要对教育研究者致以敬意，他们的工作是本书的基础和灵感来源。

非常感谢以下各位的贡献：

安吉拉·贝克顿（Angela Becton），教师教学支持专家
来自北卡罗来纳州史密斯菲尔德镇的约翰斯顿县学校

南希·贝特勒（Nancy Betler），教学支持专家
来自北卡罗来纳州夏洛特市的夏洛特–梅克伦堡学校

凯西·加兰（Cathy Galland），课程主管
来自密苏里州里帕布利克县的里帕布利克 R-III 学校

格雷格·凯斯（Greg Keith），中学学术协调员
来自田纳西州孟菲斯市的学术事务部

辛迪·米勒（Cindy Miller），项目协调员
来自得克萨斯州丹顿市的北得克萨斯州大学

帕蒂·托马斯（Pattie Thomas），学校改进专家
来自亚拉巴马州塔拉迪加县的塔拉迪加城市学校

艾米·伍兹（Amy Woods），文科教师
来自新罕布什尔州贝德福德镇的贝德福德高中

目　录
CONTENTS

导　论

本书为教师提供即时可用的教学策略。这些策略不仅仅是课堂创意的汇总，更是在研究和课堂实践中得以验证，可以提高学生成绩的良方。研究表明，教师的教学和学生的成绩之间存在着直接的联系。在这个强调问责制、政府干预、学生多样性的时代，教师需要也幸运地拥有提高教学质量的可靠工具。

从历史来看，学术研究对教学方法决策的影响较小。然而，在过去的20年，特定教学研究获得新的发展，得到了师生的一致认可。本书梳理了现有研究，总结了教学策略，能够为教师提高学生的学习成绩提供支持。

本书并不旨在推动某种特定教育趋势，提出某种教育模式或教育理论。所有经验丰富的K-12教师都曾接触过大量的创新理论和改革措施。人们可以从一本新书或是一个鼓舞人心的演讲中获得令人兴奋的想法，并将其融入主流实践中，但很少有人关注哪些教育实践能够提高学生的成绩。改革深入到学校、地区，甚至整个国家，然而，当改革无法达到预期时，教师却经常要为这些黯淡的结果负责。实际上，起初他们并未参与其中。

教育学和神经系统科学研究者已经察觉到由理论或一时狂热所驱使的教育变革现象。他们发现很多改革不仅缺乏坚实的理论基础，而且还忽略课堂实践的意义和过程（Diamond & Hopson，1998，citing Stigler & Bruer；Ellis，2005；Ellis & Fouts，1997；Grossen，2000）。当改革跳过教学，也就忽视了任何改进工作的核心和灵魂，因而不太可能成功。

目前，标准化教育改革运动明显缺乏对教学的关注。当州立标准和《“不让一个孩子落后”法案》（No Child Left Behind Act，NCLB）引发了对学生成绩问题的关注时，那些以提高成绩为目标的课堂教学过程（不论好坏）却很少被考虑到。在新的时代背景下，学校管理者和教师正在分析学生数据，并设法满足儿童和青少年的学业需求。不管学校的教育模式或法案要求如何，每个地方的教师都希望能够有效教学以使学生真正受益。

提高学生成绩的方法之一，就是寻找使学习变得有意义、难忘和有效的知识和工具。本书为了给教师提供这样的工具，梳理了有关教学方面的关键文献，总结了 101 条经过研究和实践检验的教学策略。

本书的命名有着特别用意，它意味着采用经过检验的课堂实践；意味着依据学生已有的背景知识因材施教；意味着通过丰富的教学手段来尊重学生的多样性，使每个人都能成功学习；意味着运用有意义的评价方式认可学生的成绩；意味着明智地、专业地决断如何取得最佳的教学效果；意味着用基于研究的策略平衡热情和个人意见，从而获得一致的结果；因为在所有教学改革中，学生的学习应该放在第一位，所以我们特意使用“学习”一词取代“教学”。

让教师基于研究开展实践，并不意味着教师不能创新。教师和学生的工作多数是具有创造性和直觉性的，但也不可否认，在很多时候，经过研究检验的实践将会极大地激发学生的学习动力。这同样适用于其他职业，医生、机修工、飞行员和建筑师都依靠专业知识来实现可预见的成果。教师专注于教学，意味着有效地运用研究者的专业知识基础。我们可以将知识与技能与对儿童的承诺结合起来，使美国的教育成为全世界领先的教育。

本书的策略从何而来，又因何被选中呢？这 101 条策略主要来源于认知科学和对有效教学实践的教育研究。最近，认知科学在如何提高学生学习水平方面取得重要突破，这对本书的关键主题和部分内容产生了影响：激活学生学习的背景知识，让学生沉浸在主动学习中，满足学生学习的多样性需求。这些内容都包括了对若干教学策略的描述，并解释了这些策略的课堂教学实践应用研究。下文将对认知科学进行简单的介绍。

新学习科学

过去的 40 年我们已经见证了一场关于人类大脑研究的革命。在 20 世纪 50 年代末，学术界出现了一个跨学科的新领域：认知科学（Bransford，Brown，& Cocking，2000；Diamond & Hopson，1998；Gardner，1985；Willis，2006）。由心理学、语言学、哲学、计算机科学、神经系统科学和人类学组成的认知科学，深入地探索了思维和学习的复杂性。

关于学习的大多数研究，都是从知识的发展、知识的获取与传递、问题解决和教学的有效性等研究中衍生出来的。我们正在深入探索生理、文化、元认知、情感、人际关系和学习的个性化层面。最近，运用 PET 扫描、fMRIs 和其他技术开展的神经影像和脑电图研究已经进入实践。这让我们能够实时看到参与离散学习任务的大脑区域。然而，尽管这些研究是引人注目、激动人心的，但仍未能很好地触及人类认知的深度。因此，在认知科学研究提出的策略中，本书只涉及那些已经被证实能提高学生学业成绩的策略。从理论上说，我们认可人类大脑的巨大潜力，但是在本书中避免对任何策略发表耸人听闻的评论。

神经系统科学家和教育研究者同样提醒教育者，要警惕那些未经证实的基于大脑的方法，这些方法远远超越了其科学基础（Bransford，Brown，& Cocking，2000；Damasio & Damasio，1993；Ellis & Fouts，1997；Miller，1993；Sylwester，1995，2000；Viadero，2007）。作为医学神经系统科学家，朱迪·威利斯（Judy Willis，2006）声称，大脑研究的成果很不幸地“被非科学家误解和歪曲，从草药和维生素到冥想和催眠，每天都会涌现出提高学习和记忆的新方法”。我们也可以回忆那些关于左右脑研究的过度简单化说法以及对相关教育改革的错误呼声。从本质上来说，所有的学习都必须是基于大脑的。

提出这样的告诫，并不是贬损本书，而是为了将其置于当下已知的学习研究背景之中。很幸运的是，已经有诸多可靠的理论和策略有助于促进教学。例如，开篇提到：从认知研究和教师日常教学经验来看，人们的信息加工方式各有不同，没有一种教学方法能够在任何时候适用于所有的学生。在教学中，因材施教是很重要的。

根据这个基本的事实，本书所能提供的策略不止 10 条、30 条或 50 条，我们提供了 101 条策略，让教育者可以从中选择、调整和完善几种符合学生特点的方法。同样，在书中，我们明确地提出了关于学生差异的解决方法。此外，认知科学对本书的另一重要贡献，是关于学生原有知识的章节和关于课堂上体验式主动学习的章节。

我们认同达格特和努斯鲍姆（Daggett & Nussbaum，2007）的观点，即认为认知科学将会对教育产生越来越重要的影响。在未来几年中，我们将会深入探索学生是如何学习的、为何某些学生会努力奋斗、如何帮助学生以及如何在课堂上挖掘学生的大脑潜力。随着科学工具的发展和研究的继续，我们将会更明确：如何更好地教学，学生乃至教师自身应该如何专注学习。

最佳实践

最佳实践是另一种被广泛使用，却没有一个清晰定义或相关参考的教育概念。什么是最佳实践？最佳由谁决定？最适合谁？是否有超越学生背景和文化差异的普适性最佳实践？“有前景的实践”或“新兴的最佳实践”这两个术语是否更合适？

我们并不认为这本书中的教学技术是“最佳实践”。相反，我们在文献中搜索了提高学生成绩的实验研究。我们使用了什么文献呢？这101条策略的来源有三种：

◆教学技术的元分析。

◆教育机构、团队或个人进行的研究。

◆研究学习与提高的认知科学家。

每章末尾都列出了拓展阅读的文献，以供感兴趣的读者访问这些资源。另外，每章开头都有一个简要的文献回顾，解释了提出每条策略的理由。

需要注意的是，本书的策略并非都是全新的。虽然教学改革倾向于强调最新突破，但也需要关注现有技术的价值。随着有效教学的知识基础越来越坚实，整合过去有价值的发现也就更加有必要。医学界不太可能只是因为沙克疫苗是几十年前的研究成果，就罔顾小儿麻痹发病风险而避免使用它。

读者在阅读本书时请注意，我们并不是暗示每条策略都会对每个学生产生实质性的好处。我们所说的是，现有研究可以确定哪些教学实践最有可能产生预期的结果。本书101条策略中的部分策略体现了教育趋势，但很少有人证明其存在。同时，我们清楚地知道，研究不需要捕捉所有有教学和学习价值的东西。教师和学生有可能会在课堂上感受到更多的态度、价值观和参与过程的细节。

这本书包括了什么？

本书的内容、格式和概念框架都经过了深思熟虑。一系列的实践展示出了现代课堂中应具有的能力、兴趣和多样性。本书的 5 个章节分别介绍了相关研究和教学实践，采取了易于查找的简单形式对策略进行编号，有些策略会有多个示例。参考文献附在书后，供读者查阅。

第 1 章总结了现有研究，提出了 19 条旨在提高学生能力的教学方法，并附有背景知识介绍。第 2 章回顾了主动学习在课堂上的重要性，通过 25 条策略为学生提供了多种体验、实践学习的机会。第 3 章讨论了与性别有关的学生成就研究，并概述了 21 条提高男女学生学习成就的教学方法。第 4 章强调如何有效应对学生的多样性，其包含的 20 条策略针对的是文化对于学习、英语语言学习、社会经济阶层与学习，以及包容性方法的影响。第 5 章分析了基于绩效的评估，并提供了 16 条记录学生成绩的策略。

全书基于简单的理念框架。如上所述，我们无意推行新的教育计划、理论或术语，仅为明确 101 条策略是如何支持简单教学和学习循环的。第 1 章基于第一个理念，即“从学生已知的内容开始——原有知识在学习中的作用”，因为教师需要了解如何从学生的原有知识、生活经历和对内容的误解等入手，将学生引入课堂。背景知识挖掘提供了一个起点和基准，从而帮助教师确定教学起点，并跟进学生的学习进程。

一旦清楚了学生的知识基础，教师就可以从之后的 3 章中选出策略，引入新内容，引导学生学习：“主动学习——面向全体学生的差异化策略”（第 2 章）、“确保性别平等的教学”（第 3 章）和“不同学生的教学——解决课堂中的语言、课程、文化和能力差异”（第 4 章）。这 3 章都是基于第二个理念：吸引不同学生学习的课堂方法。本书第三个理念，也是最后一步，即第 5 章“评估学生表现”。教师将通过多种方式来评估学生的学习情况，并让学生通过自我评估来提高学习成就。

这本书所回答的问题

这本书回答了“如何提高学生学习能力”的问题，总结的101条教学策略对不同性别、年龄、语言、能力和社会经济地位的学生都能产生积极的影响。不同年级、不同学科的教师都可以从中找到适宜的教学策略。我们认为，教师也必须调整策略，适应1年级、4年级或9年级的学生，同时要善于利用已有材料。我们也明白，没有人能用到所有的101条策略，所有这一切都是为教师提供建议。我们鼓励教师专注于对他们而言特别重要的策略，并将其应用于课堂。

本书强调教学质量在提高学生成就方面的核心地位。虽然教师的时间和精力始终会受到外部因素影响，但高效的教师可以通过终身学习来提高效能，其中就包括知道某些策略如何、何时以及为什么在课堂中起作用。正如我们努力教给学生重要的技能、知识和态度，我们也可以通过现有研究来指导学生提升自己的技能，培养良好的学习态度，完善知识结构。今天，课堂内外挑战日益增加，有效教学所面对的挑战也不断增加。教师如果能在课堂教学中使用有效的教学策略，将会对学生的一生产生深远而持久的影响。

第 1 章 从学生已知的内容开始

——原有知识在学习中的作用

你可能在电视上看过滑冰比赛，并听到播音员对高难度的技术动作赞不绝口。也许你难以理解这些滑冰技巧之间的区别，除非播音员解释动作，或者自己进行一定学习，否则在比赛期间和比赛结束之后，你的疑问可能仍然存在。

这一经历每天都在我们的教室里反复上演。许多学生缺乏足够的背景知识，无法从教学中提取意义。然而，我们经常假设，他们进入课堂时已经掌握一定的技能和信息，可以学习相关教学内容。有研究表明，这种假设是错误的，影响学习的因素，不仅有学生先前的知识，还有他们接收新知识的过程。因此，需要注意学习过程的这个基本方面。

所有年龄的学生都会把信念、生活和学习经验带到课堂，这对他们的学习方式有所影响。有时，这样的原有知识通过创建“心智锚[①]”（mental hooks）来促进学习，帮助理解概念。然而，如果新获取的内容与学生先前存在的错误信息相冲突，则会阻碍他们的学习。因此，原有知识对于学习有着双重作用：可以促进成功，也可以导致失败。教师和学生很有必要在教学前花一些时间确定和主题相关的已知的内容，或更准确而言，自认为已知的内容。许多策略有助于挖掘学生的原有知识，这一章就对其中几条策略进行了描述。

背景知识在学习中的作用

皮亚杰（Piaget，1968）不认同幼儿意识的“白板说”。他认为，幼儿已逐渐发展出认知结构，从而理解世界。在他们进入学校的时候，学生们已经形成了关于

① “心智锚”是一种形象的比喻，说明了背景知识在知识系统建构中所发挥的联系、沟通的作用。——译者注

事物运作方式的、关于自身和他人的非正式理论（Bransford，Brown, & Cocking，2000；Carey & Gelman，1991；Donovan & Bransford，2005；Gardner，1991）。支持这一理论的一个常见例子就是生物和非生物的区别。一些孩子认为移动是一种区分活物和非活物的方式。人会移动，所以是活物，而植物是静止的，所以不是活物。在课堂上，孩子们关于活物和非活物范畴的概念或其他任意受教的话题会被激活。之后，教学从向渴望知识的空白大脑传播知识，转向以已有观念为基础，进行精细地重组和建构。

在准备教学时，大多数教师极为关注教学内容，而在了解原有知识上投入的规划和教学时间较少。这种忽视可能会产生重大影响。如果没有做好新旧知识的衔接工作，孩子可能无法正确把握新概念，甚至可能完全放弃学习主题。大家只需回忆一个常见观点，就是有些人擅长数学，而很多人不擅长。如果不好好纠正，这种刻板印象会影响学习。而且，如果学生的原有知识与新学习内容发生冲突，所呈现的材料信息就有可能被扭曲。例如，针对所有年级学生的研究都显示，学生对基本物理概念有着长期误解。当试图解释向上扔球的动作时，他们描述了一个初始向上的力，在其轨迹的顶部达到平衡，并被地心引力拉回地球（Roschelle，1997）。

相比之下，物理学家用单一的力，解释了球的抛掷，即重力有着正向、零和衰减的动量。研究表明，数学和科学问题解决中的错误并不是随机出现的（Roschelle，1997）。这些错误来自学生的隐含观念或自行形成的理论。而且，当学生需要靠机械记忆回答问题时，他们可能会显得对问题的内容了解很多，但事实并非如此。如果要求将这些概念应用于新的问题或进行类比，他们所给出的回答可能是非常规的和无法接受的。为了抵消原有知识的潜在负面影响，教师和学生可以投入一些时间和精力来廓清隐含的思维。

研究性学习如何展示原有知识

背景知识是影响学习的原材料。它作为固定新信息的“心智锚”，是内容和技能知识的基本组块。在文献中，“原有知识”一词通常与“背景知识”互换使用。在本书中，二者同义，因为它们的所指基本相同。研究者对这一概念的定义方式很有趣，有些人将“原有知识”简单定义为人们已经知道的内容（Marzano，2004；Stevens，1980），而其他人则有更复杂的定义。例如，比尔马斯和西蒙斯（Biemans & Simons，1996）将原有知识视为“学习者在进入与获取新知识有潜在关联的学习环境时，已经拥有的所有知识”。道奇和亚历山大（Dochy & Alexander，1995）进一步声称，原有知识是个人的全部知识，包括显性和隐性知识、元认知和概念知识。

澳大利亚“富有成效教学法”（Productive Pedagogies）对背景知识有着另一种解读。昆士兰州教育局（2002）提出“高联系学习”（high connection learning）和“低联系学习”（low connection learning）的概念。“高联系学习”使学生有机会将他们的原有知识与课堂学习主题、技能和能力联系起来。相比之下，“低联系学习”在引入新信息时，没有对学生的背景知识进行任何直接或明确的探究。昆士兰州的教育工作者被鼓励借助学生背景知识进行有效教学。

澳大利亚的例子值得关注。大量研究证实了原有知识在学生学业成就中的重要作用（Educational Research Service，2006；Marzano，Gaddy，& Dean，2000；Smith，Lee，& Newmann，2001）。事实上，已有研究发现，“小红花”教学法会削弱学生的动机和学习，其中就涉及放弃建立新材料和学生原有知识之间的联系（Dolezal，Welsh，Pressley，& Vincent，2003）。这种联系很重要，因为学生每天都会面对新的信息。他们必须将新材料融入现有知识，构建新的理解，并根据需要修改现有的看法或理论。那些缺乏足够原有知识或无法激活熟悉知识的学生，往往难以在学科领域或学校中获得进步。

幸运的是，教育工作者已经有了关于有效策略的元分析和其他研究。在考虑这些研究结果之前，需要说明的是，在原有知识方面，有两个主要的课堂教学方法。第一个方法是利用或激活已有知识，第二个方法是建立或开发新背景知识。本章包含的策略就涉及这两个方面。

大部分针对背景知识的研究均侧重于掌握基本技能（Donovan & Bransford，2005；Marzano，2004；Strangman & Hall，2004）。例如，我们知道（在许多学科领域，不仅仅是语言艺术），当与课本内容有关的背景知识能够被激活时，就能提高阅读理解能力（Bolin，2005；Christen & Murphy，1991；Graves & Cook，1980；Hayes & Tierney，1982；Ogle，1986；Stevens，1982；Strangman & Hall，2004）。挖掘原有知识的成功技巧并不难。有几项元分析（Marzano，1998；Pressley，1992；Strangman & Hall，2004）揭示出，在阅读或教学之前，简单地询问学生对某个主题的了解程度，

就可以提高学生的学习成就。同样，在数学和科学方面，研究表明，在教学之前，询问学生关于关键概念的问题，或者要求其清晰地阐述这些概念，就能提高学习成就（Fuson，Kalchman，& Bransford，2005；King，1992；Minstrell，1989）。

许多研究都表明，数学教学应该建立在学生原有知识与计算的算法教学基础上（Ball，1993；Bolin，2005；Bransford，Brown，& Cocking，2000；Carpenter & Fennema，1992；Carpenter，Fennema，& Franke，1996；Donovan & Bransford，2005；Educational Research Service，2007；Lambert，1986）。这是因为学生所拥有的相关信息有助于他们掌握新内容。一个例子是许多孩子在日常生活中有着非正式的数学方法，当教授正式的符号系统时，这种知识就可以发挥作用。年龄稍小的学生可以解释他们如何知道上下校车的同学人数。年龄较大的学生会被——问到关于买车的金融知识。对于那些数学不好的学生而言，边想边说和显性教学已被证明能增强背景知识（Educational Research Service，2007；Gersten & Clark，2007）。同样重要的是，教师教导和要求学生使用数学语言以及在课堂和文本中遇到的实际词汇。

词汇在所有学生的知识基础中都起着重要的作用。事实上，一些研究表明，教学词汇是构建背景知识的同义词（Marzano，2004）。学生在获得学业进步之前，了解关键词是至关重要的。例如，一个中学生需要掌握的新词汇平均约为 600 个，而高中生则约为 800 个（Bolin，2005；Marzano，2004）。显然，如果学生不学习词汇，学习就会落后。

不幸的是，许多学生确实从一开始就已经落后。对 1 年级不同学生的研究表明，许多学生只拥有其同龄人一半的词汇知识（Graves & Slater，1987；Marzano，2003；Nagy & Herman，1984）。幸运的是，在不同的年级，教师都可以教授各自学科的基本词汇。标准化运动的一个好处是，它针对的是学科领域中可以教授的特定词汇。此外，学生使用这些词汇也很重要。教师可能会对马扎诺（Marzano，2004，2005）及其同事在中部教育与学习研究中的相关研究感兴趣（Mid-Continent Research for Education and Learning，MCREL）。他们确定了普通科目里的近 8000 个词汇，并建议教师和学校每学年教授每个领域的 30 个关键术语。另外，田纳西州教育部（Tennessee State Department of Education，2006）已经开展了全州工作，在其网站上为核心科目发布了 K−12 词汇。

近些年强调的通过关键词汇发展背景知识，与认知科学的研究结果相呼应。除了要掌握事实，所有年龄段的学习者都需要学习相关主题或学科的关键框架思想或概要（Bransford et al.，2000；Diamond & Hopson，1998）。主要概念或范畴提供了理解事实的线索，包含了深度学习的理念，并允许学生迁移和应用所学知识。如果缺乏一个概念框架，学生将被迫依赖自己的原有观念来理解世界。

许多研究人员都认为，教育的重要目的是纠正学生的错误观念（Bransford，Brown，& Cocking，2000；Donovan & Bransford，2005；Gardner，1991；Strangman & Hall，2004）。从婴儿时期开始，人们就尝试理解世界、自我和他人。这样的朴素理论并不总是正确的，并将影响到之后的 K−12 教育。斯特兰曼和霍尔（Strangman & Hall，2004）指出，有研究表明，当学生存在误解时，原有知识的激活实际上可能阻碍新内容的学习，原有想法可能会扭曲或干扰新内容。如果不予干预，任其发展，学生们就可能会忽视冲突信息，在测试中表现不佳，当教师发现误解时，他们应该找到，或帮助学生找到周全的方法来纠正这些错误。当然，创造条件，让学生展示自己的思想，绝非易事。积极的、基于探究的课堂环境是学生分享自认为掌握的内容的先决条件。同时，为所有学生创建一个公平的知识领域也很重要。即使正确的原有知识不多，在短期内也将有助于改善学习，并为未来的深入学习创造条件（Marzano，2004）。

认为原有知识只会对学习产生负面影响，也是错误的。事实上，学习从根本上开始于已知，逐步进入未知。将日常经验与课堂主题联系起来，并将原有知识与新的课堂内容紧密结合，可以促进有意义和持久的学习。

大量有关原有知识的研究侧重于提高阅读理解能力。这种原有知识视角的出现，源于学生需要通过阅读，开展所有学科领域的学习。人们已经发现了几种方法，能够提高学生对信息文本的理解。

直接教学策略是所有中小学生的巨大希望（Graves，Cooke，& Laberge，1983；Stevens，1982；Strangman & Hall，2004）。这种教学方法的例子包括上述的词汇教学，在阅读之前介绍文本中包含的困难概念，以及在阅读叙事文本之前提供情节和角色概要。

当然，直接教学策略还有很多不同形式（Educational Research Service，2006）。这些策略包括个人反思和记录、互动讨论、同伴问答，以及将文本中的概念与个人原有知识联系起来。学生也可以对比新知识和原有知识。帕琴（Patchen，2005）提到，通过多样化课堂分组，鼓励所有学生参与课堂，提出每个人都能回答的问题。比如，教师可以询问学生对课堂阅读材料的想法，避免限制学生只能回答对或错。

对于不同文化背景的学生来说，预习对于取得学业成功至关重要。桑德福尔、沃森和约翰斯顿（Sandefur，Watson，& Johnston，2007）解释说，有些学生需要明确的参考框架。作者建议通过视觉媒体或者简单的主题讨论，提前转移原有知识的发展压力。

显而易见，背景知识是情境性的，需要文化作为阐释中介。教师面临的挑战是确保所有学生达到同样的高标准，并尊重学生的独特性。在所有学生中建立共同的知识基础，非常具有挑战性。但正如研究人员所示，良好的教学在大多数环境中仍然是良好的教学（Ellison，Boykin，Towns，& Stokes，2000；Williams，2006）。例如，威廉姆斯（Williams，2006）解释道，与文化相关的教学不同于良好的教学："文化相关教学不仅包括良好教学的所有方面，而且还要考虑到学生的文化背景，基于学生的经历，确认他或她的文化身份。"

教师可以在教室中实现共同性和多样性之间的平衡。所有学生都可以获得当代社会所必需的技能，以及对其多样性的尊重。教师可以采用什么策略来挖掘学生的文化知识呢？其中就包括提出开放式问题，使学生不受限于对或错的简单应答（DomNwachukwu，2005；State of Queensland，2002）。

正如上文中简短的文献综述所示，背景知识在学生获得成就的过程中起着重要的作用。教师能在教室里挖掘出无数的此类策略。以直接教学为基础，可以让学生参与练习，如做实验或实地考察。其他方法还包括教授关键的学业词汇，让学生预习后续内容，并在深入教学之前为学生解释困难的概念。激活或挖掘原有知识的策略包括阅读、写作、讨论、边想边说、视觉线索或组织者。

课堂学习周期的关键第一步，可以是利用学生的原有知识，帮助教师对学生的知识基础进行非正式的诊断。通过了解学生的现有基础，教师可以就教学内容做出明智的策略性决策。

下文将阐述 19 条经过研究和教师验证的策略，这些策略能够激活和建立学生的背景知识。本章的最后还提供了一些资源，供读者开展研究。

策略 1　已知与未知

挖掘学生原有知识的一个简单策略是使用已知和未知图表。课程或单元学习开始时，向全班学生介绍新的主题或概念。使用加厚包装纸或黑板绘制两列图表，第一列应标记为已知，第二列为未知（见表 1.1）。为激活学生原有知识，可以询问学生一些关于该概念的开放性问题，例如，故事有趣在什么地方？植物靠什么生长？应在其中一列中适当记录学生的回答。还要询问学生，他们对什么感到好奇，并同样记录下他们的回答。如果课程没有提供建议的学习内容，就要告知学生他们还会涉及哪些主题，同时询问他们，这些主题应该置于图表的什么位置。这将使学生快速预习学习内容。在此活动中，教师应该随时关注学生的误解。如果学生主动提供错误信息，就要将学生的陈述重新整理为问题，并写入第二列，从而避免错误概念的加深。

这一策略可以帮助教师精细调整教学内容。当教师评估学生的知识时，他们可以将时间策略性地分配给最需要的领域。

表 1.1　已知与未知

已知	未知

只要能审读图表并指出存在误解的概念，学生也可以单独完成已知和未知图表。图表可以被保存或发布，并作为教学过程中的参考。有些教师会让学生在学习时检查图表项，其他教师则会在创建图表之后先将其放到一边，到单元教学结束时再拿出来，让学生比对原有知识与当前内容知识。

策略2　我所知道的、我认为我知道的以及我想知道的

制作一张表格，将其分为三部分，标题分别为“我所知道的”“我认为我知道的”，以及“我想知道的”（KTN[①] 表，见表1.2）。告知学生学习内容后，请他们就这个主题集思广益，列出他们认为他们所知道的和想知道的，并指出他们的想法应该放在哪一栏。列出这些想法，并如同策略1中所示的一样，再一次指出哪里存在错误。将错误放在“我认为我知道的”一列中。

表1.2　KTN表

我所知道的	我认为我知道的	我想知道的

一个好的KTN表格的进行顺序是先提出一个全班的表格，接着是小组表格，然后是个人表格。这有助于学生学习如何挖掘自己的背景知识。检查表格中可能存在的任何误解，告诉学生他们将学习梳理所有令人困惑的内容，避免出现混乱。

① KTN，为 What I Know, What I Think I Know, What I Want or Need to Know 的缩写。——编者注

策略 3　我所知道的、我想知道的以及我学会的

可以绘制与 KTN 表类似的三列表格，教师或学生可以用音频记录同学们在新课方面所知道的、想知道的以及学会的（KWL① 表，见表 1.3）。虽然这种方法类似于前述方法，但不同之处在于它记录了从原有知识到学习结果的整个学习过程。就像 KTN 表一样，这个表格的架构可以包括从整个班到小组，再到个人。

有时可以添加附加列将 KWL 表转换为学习日志。例如，第四列可以标注为“我还想要学习的”，第五列可以标注为“我是如何使用信息的”。建议学生把掌握的新词汇也加入表格中，以便在未来的学习中巩固自己的背景知识。

表 1.3　KWL 表

我所知道的	我想知道的	我学会的

① KWL, 为 What I Know,What I Want to Know,What I Learned 的缩写。——编者注

策略 4　通过图形组织知识

简单的图形组织者有助于发掘学生的原有知识。图形组织者是指信息可视化展示图表，通过如层次结构或子类别等结构展示数据之间的关系，因为其可以帮助学生在视觉上组织信息并提炼出重要细节，所以有着多种用途。图 1.1 中，学生要在一张纸的中心写出一个给定主题（步骤 1）。接下来，在步骤 2 中，他们集思广益，总结与步骤 1 主题有关的所有已知内容。之后，在该单元的学习过程中，他们将概念添加到组织者中，如步骤 3 所示。

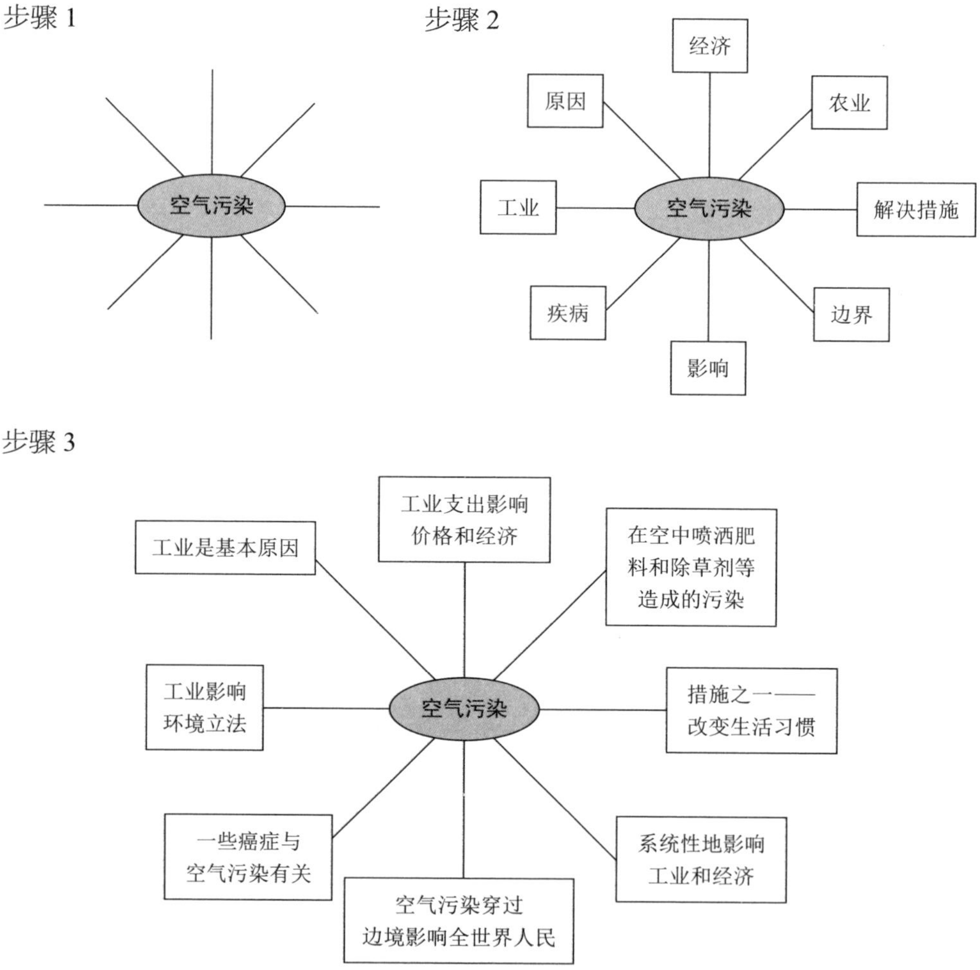

图 1.1　图形组织者

策略 5　视觉顺序

通过视觉呈现，可以展示课程的步骤、事件序列或循环过程，从而评估或发展背景知识。图 1.2A 和图 1.2B 提供了两个模板：线性流程图和循环流程图。在单元开始时，可以给学生其中一个模板的复印件，或者要求他们在图表或白板上绘制模型。之后，要求学生确定这一过程的潜在步骤或阶段——一个事件是如何导致最终结果的，并在视觉图上呈现这些步骤。随着学习的开展，学生应该纠正前期假设，并详细阐述每个成分。

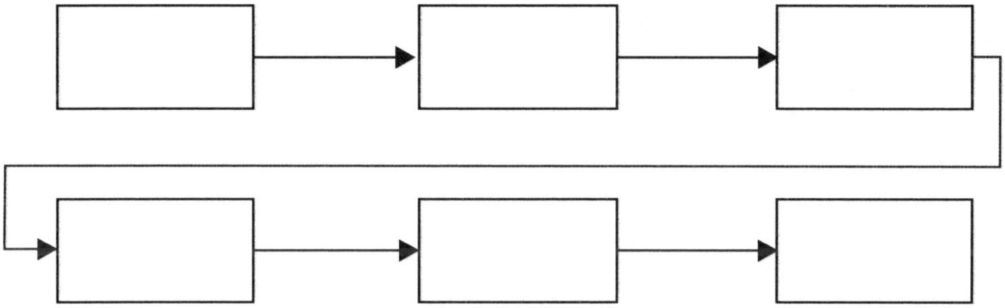

图 1.2A　线性流程图

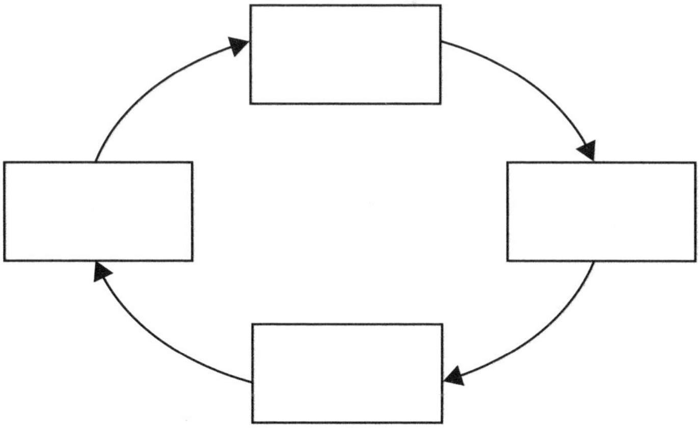

图 1.2B　循环流程图

策略 6　可见的原因与结果

可以要求学生解释他们对特定事件因果的假设。之后，当他们深入研究时，就可以比对他们的原有观念和所学内容。因果关系图（见图 1.3）有助于分析社会现象、历史事件或科学过程。

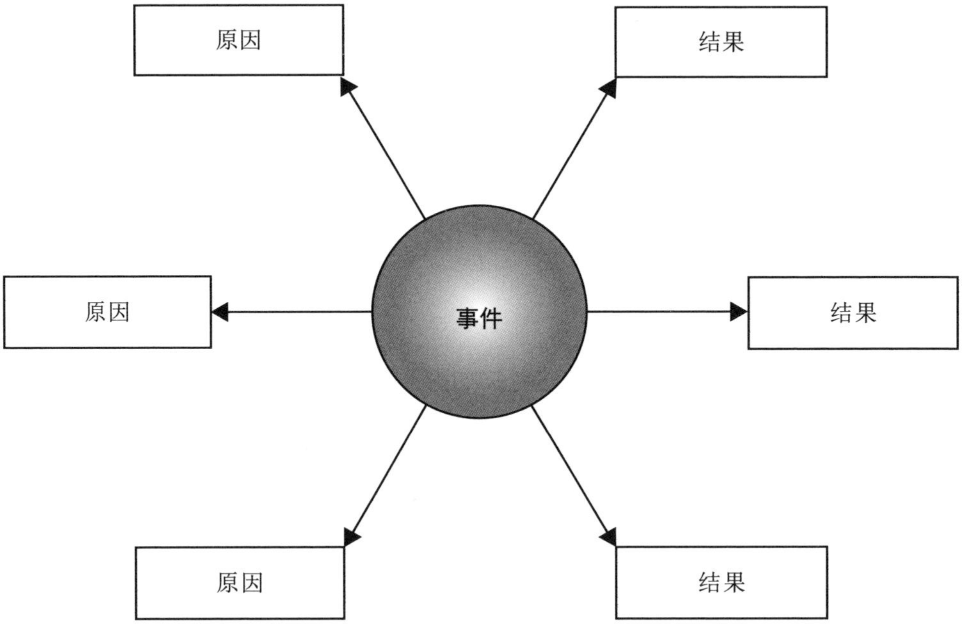

图 1.3　因果关系图

策略 7　观察相似点与不同点

将概念之间的相似点和不同点进行视觉呈现，可以促进学生的思维和理解。教师可以使用简单的图形，如图 1.4A 中相似点的可视化类比或图 1.4B 中相似点与不同点的维恩图，挖掘学生原有知识，将新内容与学生已知的主体知识联系起来，比对他们在教学前后的观念差异。学生还可以复制这些或其他视觉图来跟踪自己的学习。

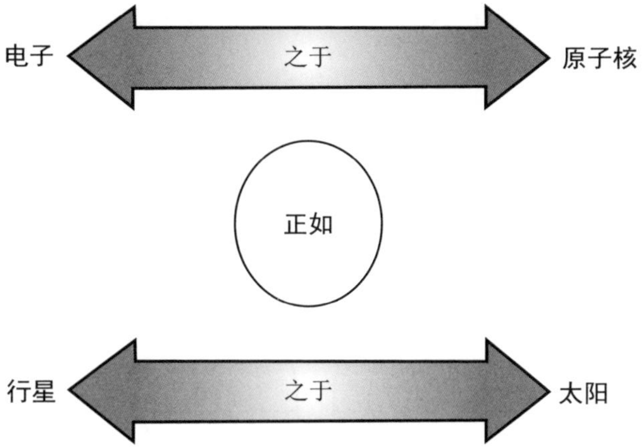

图 1.4A　相似点的可视化类比

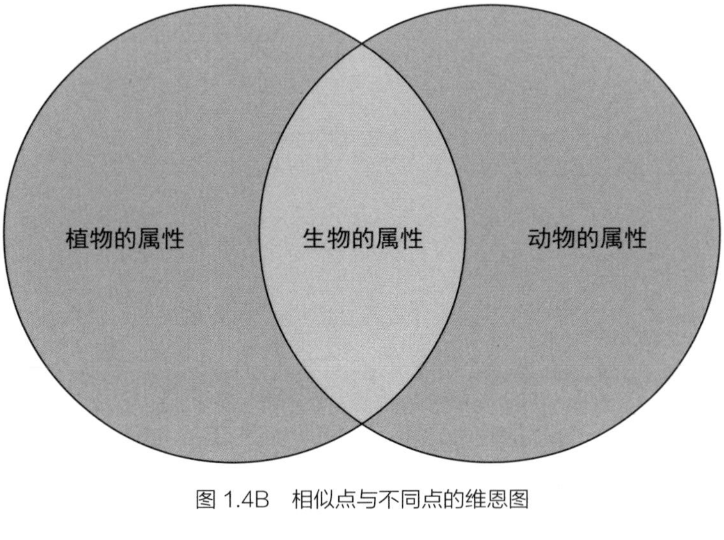

图 1.4B　相似点与不同点的维恩图

策略 8 饼状图

快速浏览即将学习的新概念，有益于学生借助先行组织者[①] 挖掘他们的原有知识，确定如何将其融入整体主题之中。图 1.5 以人体主要系统为例，展示了一个介绍概念及其子类别的简单方法。圆圈本身代表人体，每个主要系统都写在圆圈六个部分的边缘，并用虚线进行进一步划分，标明每个系统的子部分。可以要求学生绘制图 1.5 中的左图。之后通过提问，激活其原有知识，如：我们正在考虑的概念是什么？为什么要研究这个话题？它的主要部分是什么？它的子部分有哪些？学生可以参考图 1.5 中的右图，详细填写饼状图。

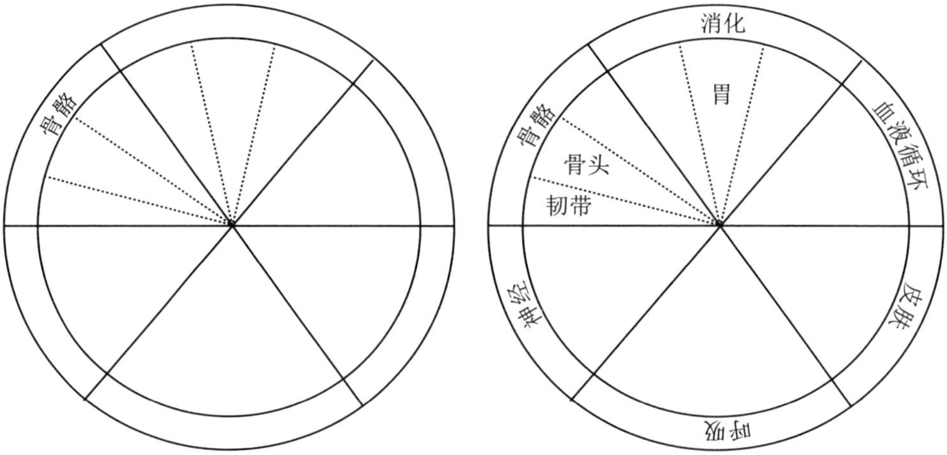

图 1.5 饼状图

① 先行组织者：advance organizer，专有术语，指在学习新材料前为学习者提供的引导性材料。——译者注

策略 9　归类呈现

这条策略与策略 8 相反，不是从整体到部分，而是从部分到整体。首先，将教学主题写在黑板正中，或者画在图纸上。询问学生与这个主题有关的事物，并在主题周围写下来，无须排序。例如，在图 1.6 的步骤 1 中，学生们就运输方式展开视觉头脑风暴。接下来，在步骤 2 中，要从之前提出的联系中发现类别，并在步骤 3 中明确这些类别。

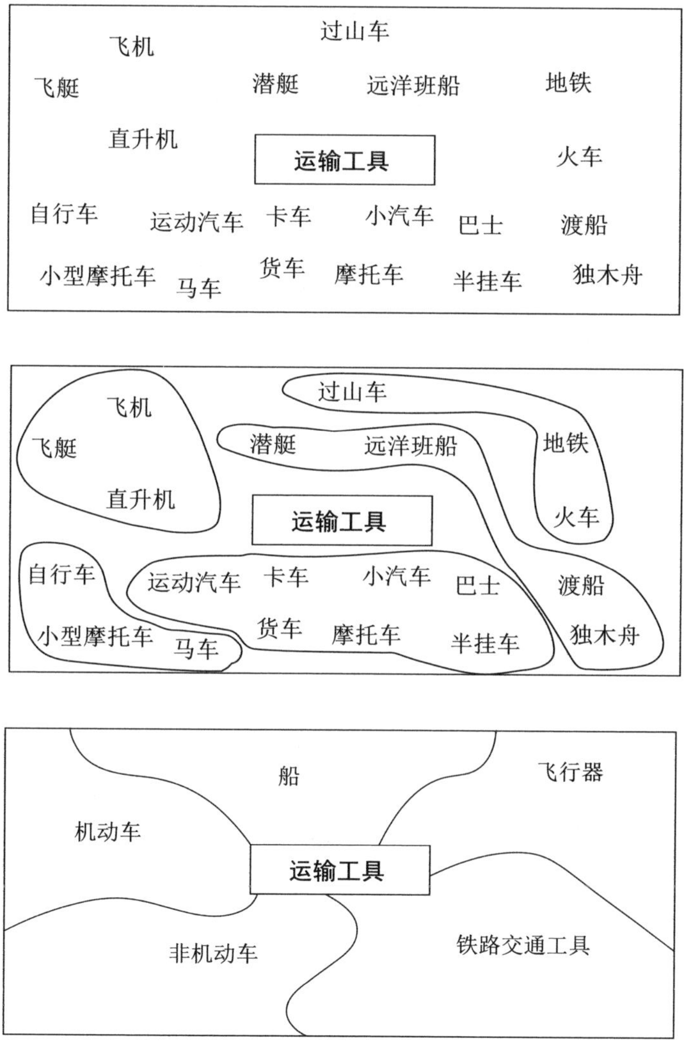

图 1.6　视觉头脑风暴

策略 10　共享经验

前 9 条策略告诉教师如何挖掘学生的背景知识。而本策略是关于如何通过共享经验发展或形成原有知识的建议。这些事件扩大了学生生活经历的范围，可以促使他们关注新的学习单元。以下建议可能适用于你的课堂：

示范

示例 1：引入新的写作惯例时，先阅读一封自己写的有错误的信。就如同日常口语活动一样，要求学生发现其中的错误，解释出错的原因，并进行修改。

示例 2：如果你正在教授历史事件或地理特征，请先向学生展示时间线、插图、地图或地球仪。

从个人经验出发介绍一个新主题

示例 1：在文学课上，讲一讲这个故事是如何联系到另一本书中让你感动的故事，或者一次生活经历的。

示例 2：在数学课中，解释你是如何在日常生活中使用所要教授的技巧的。询问全班学生，他们是如何在校外使用这些技巧的。

阅读新闻快讯或报刊文章

示例 1：针对语言艺术，报纸文章展示了词性、风格元素、惯例、目的和类别，如编辑意见、问答栏或信件。

示例 2：针对社会研究，阅读一篇文章，并将其与一个历史事件进行比较。例如，发现当前的冲突与过去的战争之间的相似性，或者指出过去和现在社会主题上的相似与差异。科学、艺术和数学课的主题也可以这样开展。

展示电影、剪辑后的视频、卡通片或网站内容

示例 1：针对数学课，通过剪辑后的视频，说明人们如何使用数学技巧。

示例 2：针对生理健康课，通过网站内容，说明学生即将学习的概念的重要性和社会影响。

讲一个故事

示例 1：用一本图画书，或讲一个传说、童话，作为教学内容的喻体。

示例 2：伊索寓言说明了许多道德和数学问题。

示例 3：分享过去真实人物的传记故事，可以引出历史时期。

预习词汇

示例 1：从学生使用的课堂材料中选择预习词汇。

示例 2：要求学生自己发现新词，上课时留出时间，让他们以小组为单位相互教授这些词汇。如以游戏形式开展，则能很好地激发学生的热情。

邀请社区专家或团体进入课堂

示例 1：让学生、同事或其他成年人找到能够参与课堂的当地社区专家，并请专家为学生讲述其与课堂主题有关的生活或职业经历。

示例 2：联系当地著名组织、演讲群体等，包括艺术机构、高等教育机构、商会和企业。

提供课外经验

示例 1：如果条件允许，请带领学生进行实地考察，介绍新主题。学生应该为实地考察做好准备，了解行为规范和考察目标。在活动之后，需要认真询问学生此次活动的要点。

示例 2：指导和辅导可以有力地扩展学生的知识。许多高等院校都有类似当地志愿者机构的针对儿童和青少年的学生俱乐部或团体。

策略 11　绘制多彩课程

该过程同时激发和构建背景知识。首先，构思关于学生学习内容的 5 个问题，写在大张空白报刊用纸上，一式 5 份，并悬挂在教室的不同地方。

将学生按 4 到 6 人分组，并给每组中的一人发放一支不同于其他组颜色的记号笔。给每个组都分配图表中的一个问题，然后开始活动。小组成员应积极思考并总结本组回答，将确定的内容写在空白纸上。

两分钟后，提示各组向右转，走到下一张图表前。学生又一次开展头脑风暴，并把想出的问题答案写在第二张图表上。如此继续，直到每个组都想出了 5 个问题的回答。每个小组再回到最初的那个图表，重新审视内容，在形成的主要观点中，构建相关观点群，去除多余内容。各小组还要检查准确性，发现问题，并总结同学们的已知内容。每个组都要和全班分享本组图表中的关键想法。

策略 12　正确提问

只要讨论问题，就能轻易发掘出学生的原有知识。为了更好地促进学生反思关于这个主题的已知内容，或者自己认为已知的内容，可以提出以下问题：

◆我们以前学过什么类似的内容吗？

◆关于这个概念我们有什么第一手经验？

◆谁了解这个概念呢？

◆还有什么其他词汇可用于……

◆谁对这个主题有疑问？

◆这让你想起了什么？

◆你还记得什么？

◆这个主题会联系到什么？

◆是什么让你产生了这种联系？

◆这能用在何时何地？

◆有谁可以使用我们已经学到的知识，带领大家一步步解决这个问题吗？

◆我们如何将其拓展到……

◆你在课外见过有人使用这个内容吗？

策略 13　引导预测

教师在学生学习之前提供预测指导，能够激活学生关于某一主题的原有知识。这些指导也关注重要概念。教师可以鼓励学生做出反应和预测，并纠正错误。预测指导可以是问题讨论、书面清单、正误测验题、学生要回答的问题或活页练习等。图 1.7 提供了一个样本示例，部分留白，供学生和教师补充完成。请注意，策略 22 和策略 23 也可以帮助学生预测学习。

阅读文本标题（由教师提供）：

主题（由教师提供）：

关于整体话题，我认为我已经了解的是：

文本中的陈述（由教师提供，两份以上）：

这些陈述应激发学生思考。学生应该写明，他们同意或不同意每项陈述。

陈述 1：

学生观点：

陈述 2：

学生观点：

关于这个文本，我有一个问题：

图 1.7　预测指导

策略 14　边想边说

当教师解释自己的思维过程，说明如何处理技巧或学科内容时，学生可以学着照做。帮助学生边想边说，有助于其发现和复制一些策略，从而改善自己的技巧和知识。边想边说可用于多种情况，如解决数学问题、协作活动或参加考试。以下是思维建模的 6 个步骤：

步骤 1：确定学生需要学习的技能或概念。

步骤 2：告诉学生，你将会边想边说自己处理这项任务的方法。学生不应打扰你，而应观察你所解释的策略。

步骤 3：通过提出以下问题，在整个任务过程中边想边说。

情绪：你对作业的态度。如果不是积极的话，你将如何改变？

原有知识：你认为自己对该主题有多少了解？该主题与其他内容的相似性如何？

心理印象：你对该主题的视觉印象。

困惑点：哪里令你感到困惑？怎么解决？

预测：你对这个主题可能有的或如何应对的任何预测。

规划：所要采取的步骤、可能存在的变化、调整和自我修正以及将如何开展这项任务。

步骤 4：详细询问学生他们所观察到的这一过程。将学生的想法写在黑板上，并进行比对，看看步骤 3 中的几点问题是否凸显出来。也许学生还有其他有用的策略。

步骤 5：分配任务，要求学生主动在全班同学面前边想边说，或者分成小组，每个组各有一两位同学边想边说。

步骤 6：在类似任务中，协助学生解释自己的思维过程。

策略 15　原有知识在课前、课中和课后的运用

在课前、课中和课后，让学生把原有知识与新学习内容联系起来，可以提高其阅读理解力。

课前

通过头脑风暴或总结与当下的主题有关的已学内容，激活原有知识。

课中

帮助学生发现关键点、理解新词汇，了解他们的预测，并比较新内容与他们之前生活学习中所学的内容。询问学生，哪些旧观点可以被更新。

课后

要求学生将所学内容与其个人生活及学校经历联系起来，并想象一下，这些新信息将如何付诸应用。

策略 16　就是这些词汇

在新单元教学之前，再次阅读学生将要使用的材料，划出材料中的关键词。接下来，再次查阅该学科领域中的标准，确定哪些词汇是学习目标中的要求，找出大概 10 个上述词汇。如果不太好找，就将词汇来源限定于课堂材料。遵循下列词汇教学的 6 个步骤，有效引导学生建立背景知识。

步骤 1：给出该词汇的定义和描述、说明或示例。

步骤 2：让学生用自己的话重述这个词汇。

步骤 3：让学生以绘制图表或使用图形组织者等方式表达词汇的含义。

步骤 4：请学生在课堂对话中使用这些词汇。

步骤 5：要求学生定期复习这些词汇，可以将这些词汇与其他词汇进行比对，形成视觉类比，修改以前的词汇描述和图表，并确定适用于其他词汇的词根。

步骤 6：让学生使用这些词汇开展游戏，如智力问答或拼词游戏。

策略 17　词汇图解

许多学生发现，对词汇进行视觉记忆并了解其语境时，可以更容易地记住词汇。图 1.8A 和图 1.8B 中的例子要求学生以多种方式互动学习本学科的词汇，这些策略可以帮助学生建立起关于关键概念的原有知识。注意，当信息呈现不需要任何顺序时，可以使用以下简单图形。

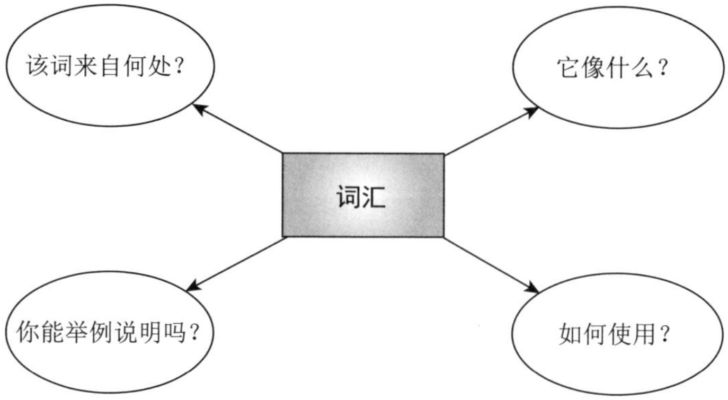

图 1.8A　词汇定义图

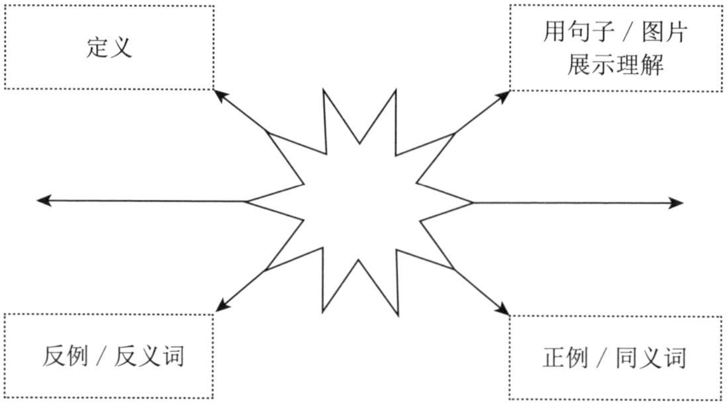

图 1.8B　词汇之星

遇到新词汇时，可以在课上展示词汇之星。张贴出来后，学生可以随时在课程中作参考。

策略 18 跟踪词汇学习的进展

当学生学习新词时，他们常常希望知道教师想要什么信息。制作下面的词汇学习表，并在教学单元一开始就发放给每位学生。学生和教师可以用不同的彩笔，写出对每种词汇策略的想法，并比较学生和教师在词汇知识和使用上的看法有何不同。

表 1.4 词汇学习表

学生姓名			
日期			
主题			
要学习的词汇： 1. ____ 2. ____ 3. ____ 4. ____ 5. ____ 6. ____			
词汇策略	差	一般	好
新词汇拼写			
新词汇的书面定义			
找到同义词			
找到反义词			
在书面表述中使用词汇			
在口头表述中使用词汇			

策略 19　数学难题

学生经常在课外遇到数学难题。如果将这些难题带入学校，教师就可以了解学生的数学兴趣和现有的背景知识水平。在学期伊始，可以让学生把在校外遇到的数学难题都写出来，并告诉学生，随着学期的开展，可以选择一些问题让全班一起解决。在学生寻找难题时，让他们完成以下问题。请注意，教师可以回避某些话题（例如个人预算），同时提供一些例子，例如计算一个人一周会浪费多少东西、树木或建筑物的高度、4 米 ×6 米 ×10 米的储藏室可以容纳多少东西、日常零食中的脂肪克数等。

学生的数学问题

步骤 1：描述你在课外遇到的数学问题。

步骤 2：说明解决这个问题为什么会对你或他人有帮助。

步骤 3：收集可用和需要的数据来解决问题，并在下面列出这些数据。

步骤 4：说明你是如何收集数据的。

步骤 5：用一句话，写出你想要回答的确切问题。

步骤 6：猜测问题的解决过程。

步骤 7：估计一个可能的答案。

关于原有知识的更多建议

David, B. (2005). *How to teach students who don't look like you: Culturally relevant teaching strategies*. Thousand Oaks, CA: Corwin Press.

邦尼·戴维斯（Bonnie Davis）从一位教师的角度描述了她给教师们的这本书。许多章节着重于教学策略，如为学生提供跨学科的学习经历、平衡的读写方法和策略教学。该书的核心主题是通过反思我们的世界观，使教师可以为各种学生提供一些帮助。戴维斯建立基础知识的方法是协助教师了解其他文化背景的学生。

Donovan, M. S., & Bransford, J. D., (Eds.). (2005). *How students learn: History, mathematics, and science in the classroom*. Washington, DC: National Academy Press.

此书的前身是畅销书《人如何学习》（*How people Learn*）（1999，2000）。此书开创性地整合了认知科学学习研究成果，且超越了已有研究，指出了学习研究成果可以如何用于指导教学。此书涉及 K−12 的三个学科领域：数学、科学和历史，将现有课程作为有效教学的模型，所有模型都始于发掘学生的背景知识。此书所强调的学习原则适用于整个现有课程体系，因此推荐各个学科领域的教师阅读此书。

Gardner, H. (1991). *The unschooled mind: How children think and how schools should teach*. New York: Basic Books.

霍华德·加德纳（Howard Gardner）在此书中探讨了为什么孩子们无法掌握学校教学内容。他假设儿童在 5 岁或 6 岁时，就建构了关于生活、物体、自我和他人的“普通的”持久观念。因为学校通常以背诵和模仿为主，学生自我建构的理论依然存在，这就妨碍了对学科深度理解的实现。为了消除学生的误解，加德纳提出了实现有意义理解的几种学校教学方式。

Marzano, R. (2004). *Building background knowledge for academic achievement: Research on what works in schools*. Alexandria, VA: Association for Supervision and Curriculum Development.

此书举例说明了两种方法的用法：持续默读和学科专题词汇教学，有助于消除因背景知识缺乏而对很多学生学业成就造成的不利影响。马扎诺给出了 K−12 阅读和词汇学习的大量实例。此书还从美国国家标准和其他出版物上收集了 7923 个词汇，整理出包含 11 个学科领域和 4 个年级类别的词汇表。

第 2 章　主动学习
——面向全体学生的差异化策略

当我们回顾难忘的学习经历时，涌上心头的通常是那些与感官有关的学习体验。因为心、手、脑都参与了学习过程，当时所学到的知识对我们产生了持久的影响，所以我们能记住这些时刻。当被问到哪些教育事件对自己影响深远时，我们一般不会想起花在做作业、读课本或做小测验上的时间。这些是寻常的教学活动，所以不会给学生留下深刻印象。学生可以通过看、听、触摸、探索、应用和反思等积极参与的学习方式，理解所学内容与技能。

毫不奇怪，教育机构对数学、科学、阅读、社会研究和写作等核心学科都提出了相似的教学和学习目标。美国数学教师委员会、美国社会研究理事会、美国科学促进会、美国英语教师委员会和美国幼儿教育协会（Zemelman，Daniels，& Hyde，1998，2005）等众多协会均在其报告中推荐了包含体验式学习、主动学习、实践性学习的教学内容。例如，美国社会研究委员会的课程工作报告称，“社会研究项目应该让学生直接、积极地参与到学习过程中”，并“为学生提供广泛而丰富的学习活动”（National Council for Social Studies，2002）。

虽然推崇“做中学”是 21 世纪的潮流，但是主动学习早已是人类早期的基本教学方法（Lorenzen，2001）。在人类靠狩猎和群居生存的阶段，生存技能的学习至关重要。相比听课，观察他人和由技能娴熟的成人进行指导所取得的学习效果要好得多。几个世纪后，古希腊的苏格拉底教学法要求学生与学生、学生与教师之间积极互动。

随后，其他哲学家推崇“做中学”。例如，1762 年，卢梭的《爱弥儿》（*Emile*）强调感官学习。约翰·杜威（John Dewey）指出，儿童应该积极地进行学习和新思想的探索，这一理念备受推崇。让·皮亚杰明确表示：“体验是智力发展的必要条件……学习者必须积极主动……”（Labinowicz，1980）。现如今，教育和认知研究人员都认为：学习不是用于观赏的体育运动，它需要感官刺激、多样化的形式、持续的挑战以及多元互动和参与。任何年龄段的学生都渴望参与课堂活动，而非被动地接受知识。

主动学习的作用是什么？

主动学习鼓励学生参与到课堂中。它要求学生不只是听课，要求教师不只是传递知识。“主动学习”“体验式学习”“实践性学习”和“做中学”这些术语通常可以互换使用。在本书中，“主动学习”包含了这些术语，指的是主动的、多感官的、参与式的学习，而不是被动学习。

主动学习的理论和研究基于两个基本假设（McKinney，2008）。第一，学习是一项需要积极付出的活动。第二，每个人的学习方式不同。认知科学的研究人员证实了这两个假设。

著名神经系统科学家马里恩·戴蒙德博士（Diamond & Hopson，1998）终其一生都在研究丰富而多感知的环境在学习中的重要性。从她和其他大脑研究人员的研究中我们得知，学习的方法越多，记忆途径就越多。例如，安德逊等人（Andreason，1999）通过 PET 扫描发现，实践性学习能刺激大脑中两种不同的记忆系统形成连接。这些系统可以让人回忆起实操过程中的事实记忆和事件记忆，通过激活两者，学生更有可能记住他们所学的东西，而不需要死记硬背。正如神经学家威利斯（Willis,2006）所观察到的，当学生利用听觉、视觉、触觉在实践中学习时，他们会在生理意义上吸收信息，然后内化为自己的知识。因此，下文我们将详细解说实践性经验学习策略。

认知科学进一步揭示，虽然人的神经结构相同，但每个人感知、运用、展现天赋的方式和学习方式各不相同，具有高度个性化特点。世界著名认知专家霍华德·加德纳也强调了这一点。1983 年，他提出了多元智能理论，断言人类智能不是一元化解决问题的能力。随后，加德纳在其他的著作中将之概括为八种自主智能，完善了该理论。他认为，这八种智能在脑受损的人身上可以被识别出来，只是与大脑受损部位相对应的某些智能会被削弱，而其他智能则完好无损。当代电学和放射学研究揭示了大脑处理不同类型问题的各个区域（Gardner，2003；Willis，2006）。

读者可能已经知道，这八种智能分别是语言智能、逻辑—数理智能、音乐智能、运动智能、空间智能、人际交往智能、内省智能、自然观察智能。加德纳未曾料到，多元智能理论在教育工作者中获得了如此广泛的响应。除此之外，由于多元智能理论包含了多样化教学、评估方法等思想，且提倡给予学生适当的挑战，该理论在教育界得到广泛应用。正如加德纳在2003年美国教育研究协会（AERA）芝加哥会议上所指出的，由于“个人智力水平各不相同，在制定教育体系时考虑这一点是有意义的”（Gardner，2003）。

在课堂上采用多元智能教学法（或称为多感官的主动学习策略），会取得什么成果呢？有趣的是，许多研究都将这些成果归因于多感官学习。重视阅读、写作、会话和听力能力，让学生在视觉、动觉、情感等多方面合作学习的时候，学生就会有显著的进步（American Association of School Administrators，2001；Campbell & Campbell，1999；Gabel，2004；Lovelace，2005；Marzano，2007；Nuthall，1999）。下面总结了五种可以跨学科应用的主动学习方法。

五种课堂主动学习方法

1. 用不同的感官策略教授同一知识。克利尔（Rovee-Collier，1995）和纳斯霍尔（Nuthall，1999）发现，至少要四次接触新知识，学生才能将其整合到知识库中。通过不同感官方式学习相同内容，能提高学生的成绩。也就是说，要将视觉法、触觉法、舞台剧法、音乐法、社交法结合起来，然后与教学内容进行反思性互动。

2. 使用故事、角色扮演、辩论和模拟来学习重点概念。当学生观察或参与角色扮演时，学生对短剧内所包含知识点的记忆会更深刻。实验证明，经过角色扮演，学生一年后仍能记起这些知识。同样，其他教学策略也能让学生取得明显进步（Barrell，2001；Guzzetti，Snyder，& Glass，1993；Marzano，2007；Nuthall，1999；Nuthall & Alton-Lee，1995）。教师也可以用其他策略替代角色扮演：如讲故事，由教师或社区成员简明扼要地介绍关键点即可；辩论，鼓励学生积极捍卫自己的立场，也能提高学业成就。

3. 使用可视化教学策略促进学习（Cawelti，2004；Marzano，2007；Nesbit &

Adesope，2006；Robinson & Keiwra，1996）。可视化教学策略包括图形组织者、概念图、时间线、流程图和其他形式的空间推理、绘画、心理意象、模型制作和观看演示。除角色扮演外，可视化教学策略也能帮助学生理解和回忆知识。

4. 采用灵活的分组策略。学习是一种社会活动，互动策略往往比让学生单打独斗更有效（Brophy，2000；Cawelti，1999；CREDE，n.d.；Educational Research Service，2006；Gabel，2004；Johnson & Johnson，1989；Marzano，Gaddy，& Dean，2000；Patchen，2005）。可以让学生两两搭档或组建成员定期变动的小组进行学习。我们可以根据学生的语言、兴趣、亲疏度、学习水平等特点来组建小组。有时，教师也可以加入小组。与其他技巧一样，在教学中，合作学习策略的使用不应过度。

5. 教会学生自主学习。K-12 教育的最终目标是培养善于学习的终身学习者。要达到这一目标，学生必须在 K-12 期间积极地管理自己的学习。任何课堂和学校都可以教授和应用自主学习策略。许多研究表明，学生在为成功的未来做准备时，K-12 学习水平也得到了相应提高（Bransford，Brown，& Cocking，2000；Brophy，2000；Cawelti，2004；Educational Research Service，2006；Walberg & Paik，2005）。学会学习的技能包括目标设定、监控、调整和进度评估、时间管理、研究、学科学习策略以及一般元认知问题解决技能。学生可以以班级、小组或个人为单位练习这些技能。

主动学习也是当代社会发展使然。当代学生生活在一个快节奏的多媒体世界，他们可以从众多渠道获取大量信息，越来越不再完全依赖于教师指导的课堂。教育工作者应认识到学生间存在差异性是常态，而不是仅仅关注某些特定文化、语言和能力的差异性。多感官、互动、自主的学习方式对学生和教师的成功至关重要。

从某种程度上来说，在电脑上输入简单的关键字即可获得很多信息，所以我们都在探索学习的意义和“学习模式”（包括儿童和成年人）。认知科学和教育界的研究人员均强调：在学生能够掌握内容之前，有必要先学习具体知识和“大概念”（Bransford，Brown，& Cocking，2000；Donovan & Bransford，2005；Educational Research Service，2006，2007a；Gardner，2000；Marzano，2007；Willis，2006）。这就意味着学生应了解学习的原因和内容，并且要学习学科的基本结构与重要思想，否则，学生学习的知识就像电视屏幕上无数的噪点，没有连贯性和意义，无法构成完整的图景。

通过对美国和其他国家数学教学的对比研究，我们发现了基于标准教育体系的美国教育的缺点。美国的课程倾向于为知识广度而牺牲知识深度（Educational Research Service，2007a；Gardner，2000；Gardner，2003）。正如加德纳（Gardner，2003）所观察到的，“学得太泛，学生反而一知半解……一旦决定采用‘专精学习’而不是‘全覆盖式学习’……我们可以利用多元智能的优势”。教师在课堂上应注意，少即是多——教授概念的框架、事实和程序之间的联系，这样学生的成绩就会提高（Donovan & Bransford，2005；Educational Research Service，2007a；Marzano，2003）。

在基于事实的教育系统中，喜欢使用宏观学习方法的学生有可能学习成绩较差。这些学生指的是那些有“整体意识”或“场依赖”的非主流学生，而非“善于分析”或“场独立”的、具有认知优势的学生（Howard，1987；Kuykendall，1991，2004；Ramirez & Casteneda，1974；Shade，1989；Tharp，1994；Witkin，Moore，Goodenough，& Cox，1977）。具有“整体意识”或“场依赖”的学生喜欢从一般知识讲解开始，逐步深入特定领域的授课方式。而“善于分析”或“场独立”、具有认知优势的学生则更倾向于从局部到整体的授课方式。因此，课堂教学需要既见森林，又见树木。

主动学习课堂

在相同教师和教材的情况下，学生的课堂体验却各不相同。主动学习课堂给学生提供了多种学习和获得知识的途径，让教师可以有更多时间接触到更多学生。

下文列出了与视觉、动觉、听觉、互动和自主学习等相关的 25 种学习策略。另外还介绍了如何清晰呈现大图景或概念框架，从而使得事实具有意义和连贯性。通过差别对待课堂教学过程，我们可以消除学生对课堂的厌倦感，帮助学生集中注意力、激发活力、巩固知识，或许还能使学生获得学习乐趣，也正是这些乐趣使我们决心从事教师这个职业。

策略 20　来击掌吧！师生均可使用的“主动学习轮”

图 2.1 中的“主动学习轮”的使用方式多种多样。首先，教师可以将“主动学习轮”看作可快速查阅的资料，实施多元化教学。其次，可以把“主动学习轮”贴在教室墙壁上或分发给学生，方便学生在上课或做作业时选择恰当的学习方法。有时，“主动学习轮”也可增加评估选项。例如，告知学生应达到的知识和技能水平后，学生可以利用图表、角色扮演、学习日志或其他主动学习策略展示学习成果。

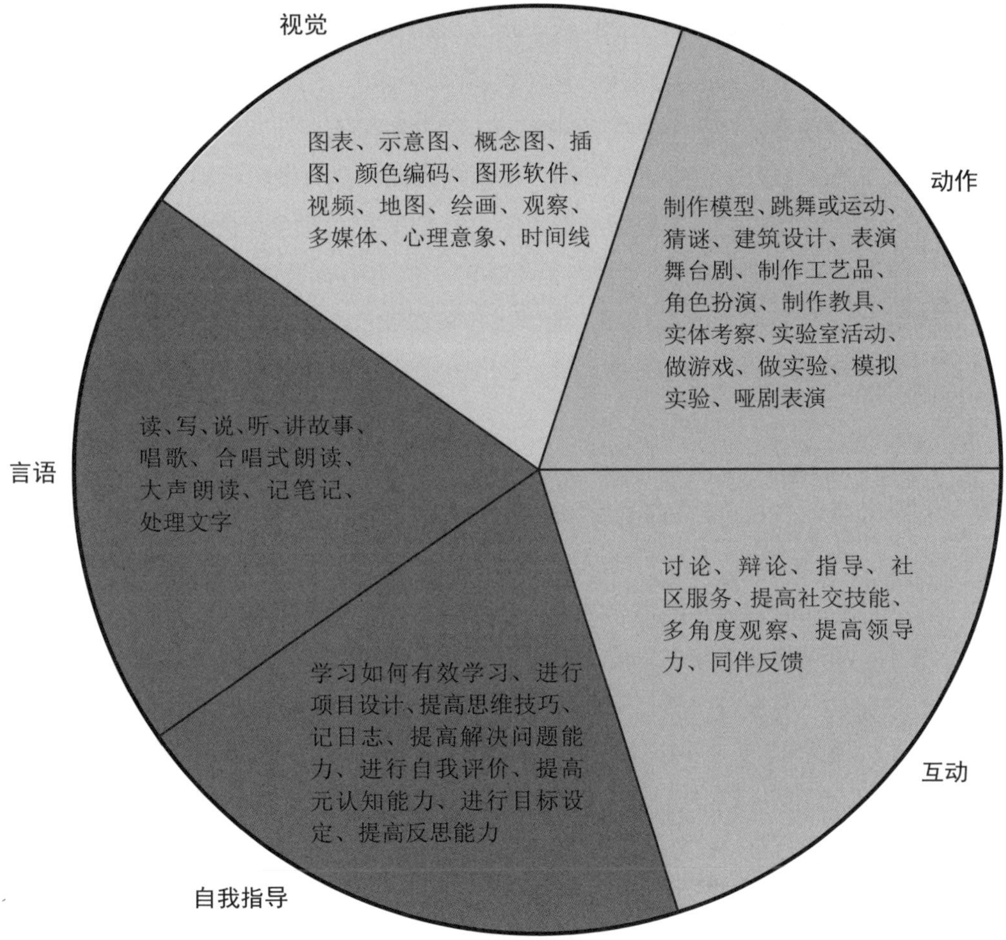

图 2.1　主动学习轮

策略 21　合作与主动学习

合作与主动学习策略可帮助青少年学习任何学科。该策略将 4 种以上的主动学习技巧整合到 2 小时的课堂中。该策略取得良好效果的前提是学生善于小组合作。合作与主动学习策略展示了教师如何将多种主动学习技巧整合到课程中，而不是在一堂课内运用所有的学习技巧。

步骤 1：可视化技巧：向学生展示概念的概述图（参考策略 23 或策略 24）。

步骤 2：言语和可视化技巧：用 15—20 分钟讲述基本概念。教师应说明该概念与已学知识的关联性、它在学科中的作用、相关的关键词及概念的重要性等。之后学生使用图形组织者开始学习。

步骤 3：互动技巧：四至五人一组。将所需阅读材料分发给小组，确定好需要讨论的问题，并分配小组角色。根据表 2.1，角色可由学生或教师来决定。小组需在 30 分钟内阅读课文、学习新词汇、讨论问题。

步骤 4：多感官个人反思技巧。给学生布置作业：从课堂和小组练习中选一个概念，将其与歌曲作比较，制作一个简单的模型，或说出它与其他知识点或生活事件的相似之处。学生应在课堂上或家里独立完成作业，然后在小组内分享并上交给教师。

步骤 5：互动技巧：学生带着反思返回小组。教师布置小组角色任务：学生轮流担任“发言人”，进行反思发言。“发言人”右边的学生向“发言人”提问，整理发言内容，然后征集小组意见。如果有需要的话，小组可以提前准备好这些问题。分享完成后，小组推选一位同学在全班分享反思。然后，小组上交个人反思成果。

步骤 6：互动技巧：小组成员互相评价组员的贡献。记录员根据表 2.1 分配的角色任务，记录组员任务完成情况。根据记录的组员表现，小组组员两次轮流打分。打分总共三个等级：－（需要提高），√（贡献较多），＋（贡献突出）。及格的学生评估步骤 3，未及格的学生评估步骤 5。学生进行两轮互评，并在这两个方面进行自评。评分表在所有成员都完成评分后上交。

表 2.1　小组任务和评估表

角色及其小组任务	学生姓名	自我评价	小组评价
朗读者：大声朗读，遇到新词汇时有三次停顿机会			
词汇查询者：用字典、词汇表或互联网查新词汇及其释义			
引导者：监督小组任务完成情况，把控时间和保证成员参与度			
记录员：记录小组进度、讨论和学习情况			
关联员：带领小组成员思考阅读材料与课堂、已有的知识、小组成员的生活之间有何关联			
—：需要提高 √：贡献较多 +：贡献突出			

策略 22　主动教学的一天——除法课

下文展示了初级合作与主动学习的流程。有些教师会用一天的课时深入讲述一项基本技能或概念，正如本案例一样。类似的主动学习方法还可以被应用于乘法、分数或百分数教学，也可以应用于诸如写作、阅读策略或科学方法等非数学类课程教学。主动教学可以应用于班级或校级教学工作中。它需要提前安排两位演讲嘉宾和四个学习重点。这种特殊的主动学习日的学习及其友好的氛围会以奇妙的方式产生涟漪效应。这一天的课程安排如下。

9: 00　欢迎学生和嘉宾。介绍当天的议程和目标。

9: 15　动觉技巧: 数学课热身。全体学生起立，伸展身体、弯腰、蹲下为一个环节，重复三次结束。

9: 25　言语技巧: 介绍早上的演讲嘉宾（父母、校长、中学生）。嘉宾讲述一个有关除法的重要故事后，进入问答环节。

9: 50　言语技巧: 教师讲解一位数除数。

10: 05　多感官技巧: 学生三到四人一组，重点练习一位数除数（可使用彩色编码工具）。20 分钟后，学生再花 20 分钟练习下一个重点（可调整）。嘉宾或其他人可以辅导学生学习重点和难点。

10: 45　言语技巧: 重新召集学生回到班级。教师向全班学生简要介绍学习情况、学生遇到的问题以及最喜欢的重点活动，然后课间休息。

11: 05　言语技巧: 继续上课，指导学习剩余内容。

11: 20　多感官技巧: 安排 20 分钟给学生重点练习刚刚讲授的知识。再花 20 分钟练习第二个重点。

12: 00　言语技巧: 以小组为单位汇报学习情况。

12: 10　午餐。

12: 50　言语技巧: 阅读一个与除法有关的故事。

13: 20　多感官技巧: 解释创新性除数。以小组为单位，学生可以用舞台剧、视觉或书写等方式重新演绎故事。

14: 00 言语技巧: 集合所有小组，分享创新性除数。

14: 20 言语技巧: 介绍第二位演讲嘉宾。演讲嘉宾介绍除法在工作中的使用情况后，进入问答环节。

14: 45 回顾、点评一天的教学情况，布置作业后放学。

策略 23　直观介绍新单元

直观概览图能帮助学生了解将要学习的单元。图 2.2 展示了一幅直观概览图。如图所示，在新单元中，学生需要回答六个问题，每个问题均应提供支撑事例。教师可将直观概览图分发给学生，以补充课堂笔记，或将其张贴在公告板或黑板上。

其他选择：根据课程内容的复杂程度，教师可以先做好直观概览图，将其作为学习指南发给学生。然后，学生自己也可以做一份类似的直观概览图。或者，给学生一份空白的直观概览图，让学生通读全文后完成该图。此外，通过展示关键概念及相关知识的关系，直观概览图能帮助学生取得更好的预习效果。

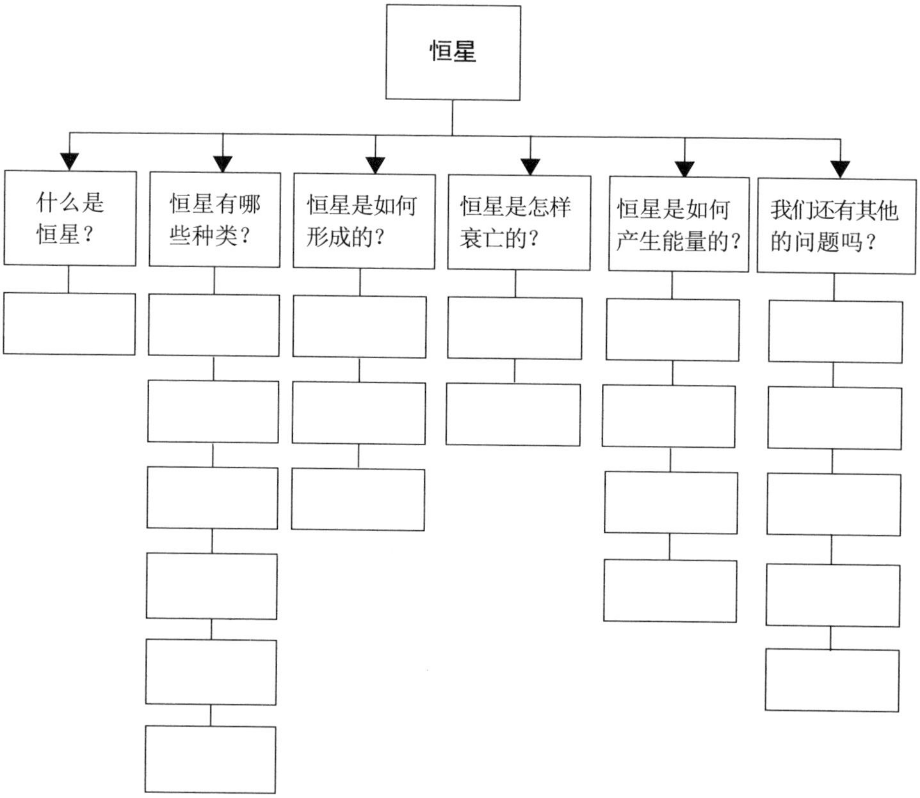

图 2.2　直观概览图

策略 24　概念结构化

正如策略 23 所示，整个单元的教学可以被直观地展示出来。由于概念是单元中的一部分，所以概念也可以被直观地展示出来。当概念及子概念用图形方式呈现时，其关系便一目了然。图 2.3 展示了如何使用简单的分级树来展示概念、子概念和例子。

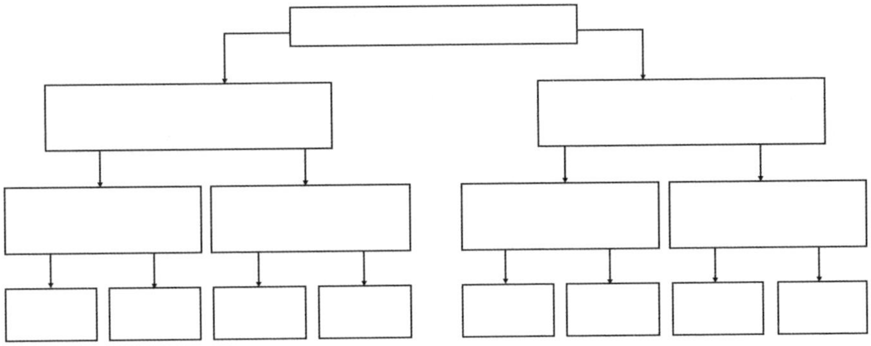

图 2.3　概念分级树

以某单元太阳系结构为例。通过分级树，学生能轻易理解地球地理特征这一概念（请注意，根据内容的不同，分级树也可直观地介绍整个单元）。

分级树不仅有助于记录和读取分类内容，也可用于处理其他数据，如下图地理分级树所示。

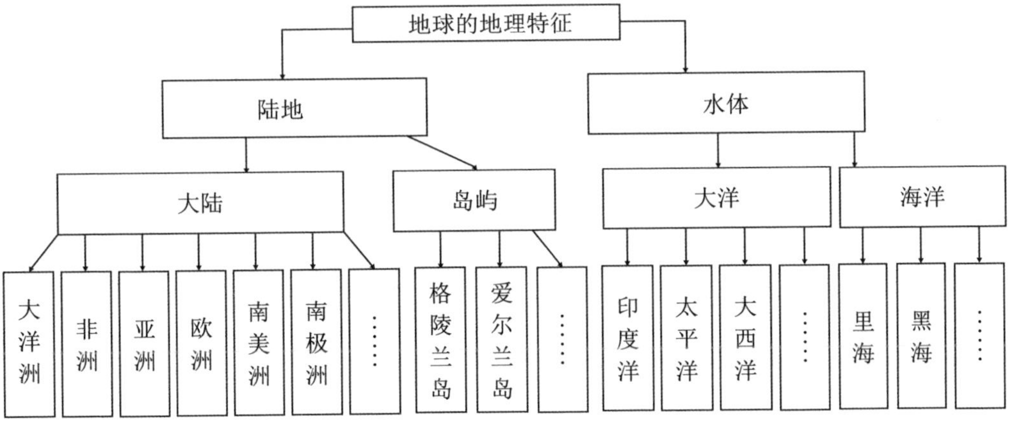

图 2.4　地理分级树

策略 25　图示法指导报告写作

图示法也能帮助学生学习相关实用技能。图 2.5 是指导学生撰写报告的图示法范例，展示了报告的构成部分。

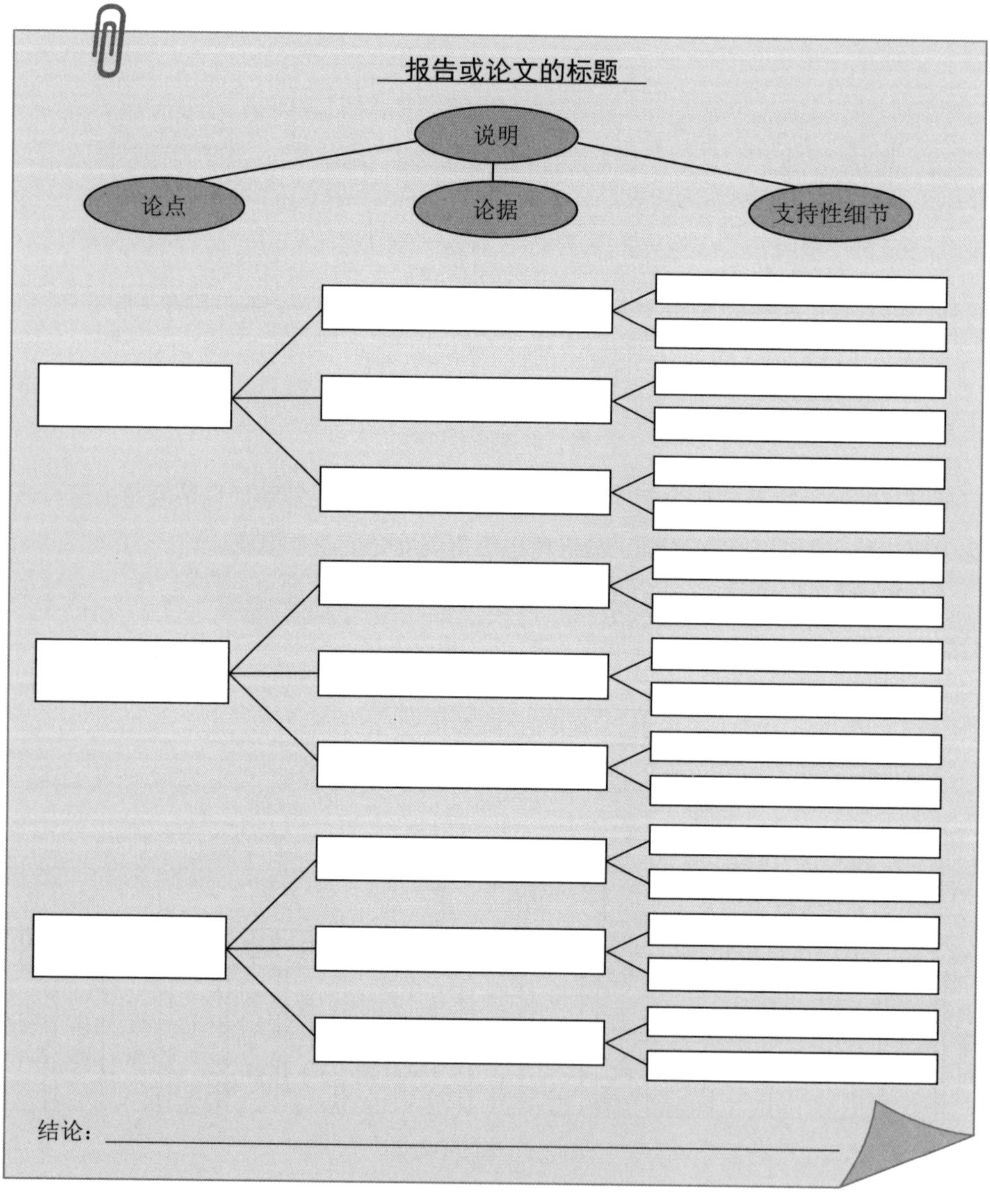

图 2.5　图示法指导报告写作

策略 26　制图技能：估算

所有学生均需掌握简单的制图技能。这些技能无需花哨，实用即可。表 2.2 解释了估算技能的重要性，并且提供了三种估算方法，要求学生制定其他策略，以便更好地学习、内化该技能。此外该图还提供了相应的估算练习，便于学生应用和练习新知识。为帮助学生学习和实践学科领域技能，教师可以制作各种简单图表，如逗号规则、数据收集、合作学习、批判性阅读技巧、测量等。

表 2.2　估算策略

四舍五入	前端	兼容数字	学生自创策略
236　　200 398　　400 + 103　　+ 100 ?? ???　　700 （估算）	420 324 + 229 估算 = （1）420 = 400 （2）324 = 300 （3）229 = 250 （4）估算 = 950	36 12　　100 62 89　　100 + 20 估算 = 220	

来源：改编自 P. R. Trafton（n.d.）。

估算是一个重要的技能，因为：

1. 它比精算更常用。
2. 它能为确定合理的数量提供参考。

估算练习：

1. 估算学校的一年级学生人数。

2. 估算你已经生存了多少天。

3. 估算一个小时内你呼吸了多少次。

4. 估算学校停车场的汽车数量。

5. 参考上一页的图表，写出减法估算的例子。

6. 参考上一页的图表，写出除法估算的例子。

7. 参考上一页的图表，写出乘法估算的例子。

8. 出一道估算题，并与另一个同学交换。

9. 自创一种估算策略，并向全班解释其原理。

策略 27　故事大纲

图 2.6 中的故事大纲能帮助小学生理清故事角色和故事梗概。故事大纲可以帮助学生对记叙文进行理解和记忆，还可显示文中的共有成分。在对高年级学生的教学中，可以加入小说的相关概念，如行动、危机、冲突、高潮、结局等。

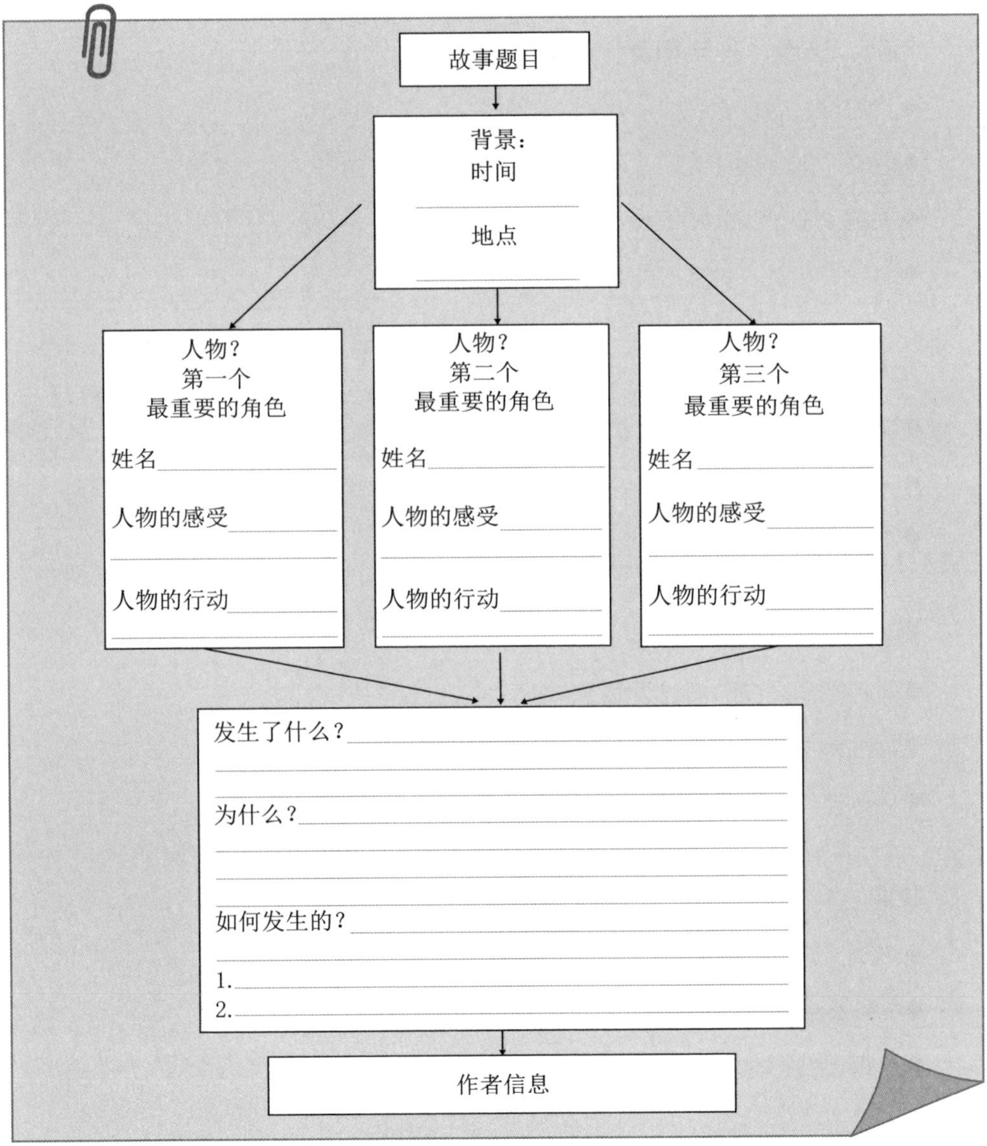

图 2.6　故事大纲

来源：改编自 I.Beck.& M.Mckeown（1981）。

策略 28　大众传媒信息

当今大多数学生生活在多媒体世界中，需要运用批判性思维来分析看到、听到和读到的内容。下面的例子展示了如何指导学生批判性地分析那些被媒体包装过的社会角色和规范。范例中的问题也可以用于分析新闻报道、历史文献和叙述性文章。

年龄、民族、种族和身体特征

◆代表谁？为什么？

◆忽略了谁？为什么？

◆关键人物的身体特征是什么？

◆有没有年龄、种族等信息？

儿童

◆男童和女童的角色有什么不同？

◆如何描述儿童？

◆谁养育孩子？以什么方式？

男性和女性特征

◆对男性和女性的描述有何不同？

◆男性和女性分别有什么个性？

◆什么样的人能成为榜样？为什么？

职业

◆这是什么样的职业？

◆为什么会强调这些职业？

◆分析男性和女性的职业。

◆主角是如何获得职位的？

◆怎样才能在现实生活中获得这些职业？

关系

◆性别之间有什么关系？

◆一种性别比另一种更占优势吗？在哪方面占优势？

◆这些关系是真实的还是虚构的？

策略 29　积极听讲

学生课堂学习的方式通常是听讲，但大多数人却不懂如何积极听讲。为提高这一基本语言技能，教师可将表 2.3 分发给学生，并讨论表中包含的批判思维技能。然后，让学生利用表格完成以下练习：课堂讲座、媒体报道、嘉宾演讲及同学发言等。

表 2.3　听课指南

学生姓名	
发言人姓名	
发言的标题或目的	
主旨 1：______ 支撑细节：______ ______	
主旨 2：______ 支撑细节：______ ______	
填空	
词汇：	定义：
问题：	建议的解决方案：
过程：	步骤：
观点：	基本原理：
用一句话总结：______	

策略 30　积极阅读

尽管阅读通常被认为是一个被动过程，但学生必须积极地沉浸到文章中去理解它。教师应告诉学生：通过阅读可以了解作者的思维。在阅读前、阅读时和阅读后，学生应对文章内容进行提问，了解文章包含的意思和作者的想法。为了能使学生积极理解文章，教师可以将以下问题发给学生。他们可以以班级、小组为单位或两两搭档，尝试回答这些问题。

阅读前的问题

◆文章的主题是什么？

◆作者是谁？其写作动机是什么？

◆我已经了解这篇文章的哪些方面？

◆我不确定的是什么？

◆我为什么读它？

◆我希望学习或掌握什么？

◆书的封面告诉我什么？

◆标题是什么？

◆章节标题是什么意思？

◆书的视觉效果说明了什么？

◆根据我的预测，文章内容可能是什么？

阅读中的问题

◆我看的这一节的段落大意是什么？

◆怎样用自己的话表达出文章的观点？

◆文章的结构是如何帮助我了解文章大意的？

◆我可以用图像或文字表达文章的核心思想吗？

◆我有哪些段落看不懂？怎样才能弄懂呢？

◆哪些是新词汇？我该怎么学习？

◆视觉效果是如何影响书本的意义的？

◆到目前为止，应怎样总结我所读到的内容呢？

◆我要读多少才能总结出主要思想？

◆作者用了哪些例子来诠释中心思想？

◆我的预测准确吗？

◆我觉得接下来的内容可能会是什么？

◆我在想什么？

阅读后的问题

◆我学到了什么？

◆有哪些例子？

◆这个故事是怎样与……联系起来的？

◆这些信息是怎样扩大我对……的认识的？

◆文中最重要的观点是什么？

◆我的预测是否准确？为什么？

◆我应该重读一遍吗？

◆我有什么疑问？

◆对刚刚读到的内容，我有什么看法？

策略 31 教科书是朋友

教科书不只是将已知事实随机编排成册，尽管一开始学生可能不这么认为。当学生理解了教科书的特征时，他们就可以有效地利用这些特征来学习、探索和应用学科知识。将表 2.4 发给学生，要求他们按表发掘课本的特征，并讨论这些特征如何帮助学生学习。

表 2.4 课本结构表

<table>
<tr><td colspan="3">从课本中找出表格左侧列出的相关特征并在“页码”一栏一一写出对应页码。然后，在表的右侧一栏解释该特征是怎样帮助我们理解课文的。</td></tr>
<tr><th>课本的特征</th><th>页码</th><th>对学习的贡献</th></tr>
<tr><td>书名</td><td></td><td></td></tr>
<tr><td>版权日期</td><td></td><td></td></tr>
<tr><td>作者信息</td><td></td><td></td></tr>
<tr><td>目录</td><td></td><td></td></tr>
<tr><td colspan="3">结构：查看文章的第一部分。它的结构是怎样的：段落、篇章、节、子节、问答部分或其他。</td></tr>
<tr><td colspan="3">可视化成分：根据书本内容，列出本书的表格、插图或图表使用情况。</td></tr>
<tr><td>颜色编码</td><td></td><td></td></tr>
<tr><td>字体大小变化</td><td></td><td></td></tr>
<tr><td>关键词、词汇</td><td></td><td></td></tr>
<tr><td>章节篇幅</td><td></td><td></td></tr>
<tr><td>索引</td><td></td><td></td></tr>
<tr><td>参考词汇表</td><td></td><td></td></tr>
<tr><td>附录</td><td></td><td></td></tr>
<tr><td colspan="3">说说作者为什么采取此结构。这反映了他们认为学生是怎样学习的？</td></tr>
</table>

策略 32　主动参与讨论

当学生自己对课堂负责时，他们的成绩就能提高。下文展示了学生以班级、小组为单位或两两搭档自行学习的案例。

“三个臭皮匠顶个诸葛亮”

1. 异质搭档。学生 A 与学生 B 搭档，5—10 分钟内需完成 3 个任务。
2. 两人同时默读一个段落。
3. 学生 A 合上书，口头总结段落大意。
4. 学生 B 检查内容是否准确，并对学生 A 的总结作提问。
5. 学生互换角色，并重复步骤 2—4。

计时小组

1. 将学生分到 3 至 4 人的异质小组中。学生报数，并记下自己的组内编号。
2. 学生在进行演示、讨论或完成其他任务时，可暂停，并抛出问题。
3. 小组讨论 2 分钟，达成一致意见。确保每个组员均能代表小组发言。
4. 随机选一个小组及组员编号，对应编号的组员回答问题。

策略 33 笔记

积极做笔记能帮助学生更好地学习课堂知识。记笔记的形式各异，目的也各不相同。笔记能帮助学生内化信息，且能指导学生学习。有时，学生最初只是记一件简单的事件，但随着时间的推移慢慢补充，或许最后就能变成一份完整的课程笔记。教师可以通过和学生分享自己的笔记，给出记笔记的时间和格式要求。下文提供了几种格式以供参考：

教师向学生示范哪些是应做笔记的重要内容，然后学生在表中添加视觉化资料和疑问。

表 2.5A 教师笔记

教师的信息	学生的视觉化资料	学生的疑问
介绍水 1. 透明的、没有气味的液体 2. H_2O 的化合物 3. 地球上最常见物质，覆盖约 70% 的地球表面		
水的性质——没有其他物质能以三种形态出现 1. 固态——冰 2. 液态——雨滴、海洋 3. 气态——蒸发、蒸汽		

如下表所示，学生将一张纸分成三部分。根据教师指导，在纸的右侧做笔记，在左侧写下个人互动内容，并在最后进行总结。如果空间不够，学生可以用两张纸来记录，将总结写在全部内容的最后。

表 2.5B 学生笔记

个人互动内容	课堂或课文笔记
简单的图形、绘图、符号和说明内容的插图	课堂或课文的非正式大纲
标语、诗歌、散文或歌词中的暗喻或类比	笔记越多越好
关键词的漫画或讽刺画	不需要逐字记录——记录好大概思路、术语、概念和例子即可
个人反思	记录一到两个重要名言
新闻剪报	需不断修订、更新的阶段性工作，便于考试复习
总结——从一个句子到一个段落	

策略34　从A到V的思维

教授本学科的知识和思维过程对于各个学科教学来说都非常重要。例如，历史课旨在教导学生如何像历史学家一样思考，数学课教学生如何像数学家一样思考。同样，科学课也教给学生科学研究所必需的分析思维和技能。下面的小词典列举了一些思维技巧，可用于科学研究中，也能帮助学生分析学习情况。学生可以追踪他们所使用的技能：哪些未用，哪些可用，同时还能增加更多的内容来扩充他们的知识库。

从A到V的分析思维小词典：

◆分析

它的基本元素是什么？基本假设是什么？

◆提问

我们需要什么信息？我们想知道什么？

◆分类

如何进行分类？它们共同的特点是什么？

◆沟通

如何解释这些对象、事件或想法？最佳传播方式是什么？

◆比较

这些项目有什么相似之处？

这些项目有什么不同之处？

◆联系

它们之间有什么联系？

在这种情况下，其原因和影响分别是什么？

◆对比

这些项目有何区别？

这些项目有何突出特点？

◆详细说明

能举例说明这种情况吗？还可以添加其他观点或细节吗？如果可以添加，该如何添加呢？

◆评估

你对此有何看法？为什么？该如何实现这个目标？

◆推断

其逻辑结论是什么？能得出什么结论？

◆解释

该如何解释？如何描述？

◆测量

如何确定它的大小？

有哪些测量工具？

◆观察

我们注意到了什么？

我们还需要探寻什么？

◆实施

如何实施该项目？怎样研究该项目？

◆发掘模式

这些项目有什么相似之处？有无重复的部分？

◆预测

你认为会发生什么？你是怎么推测的？为什么会有这种可能？

◆排序

以何种方式排列这些项目？第一步、第二步、第三步分别是什么？

◆总结

如何进行简要概括？我们从中学到了什么？

◆综合

把这些想法综合起来能得出什么？总体而言，最明显的是什么？

◆验证

有什么证据可以支持这一说法？我们又该如何证明这一点？

策略 35　辩论

辩论是促进学生学习的有效策略。通过事实充分、充满激情的辩论，学生能掌握各种思维技巧，深化知识体系。下文展示了非正式课堂辩论的具体步骤。

1. 选择主题。主题有两个常见来源：授课内容或学生提问。确定主题后，将其简化，然后向全班公布辩论题目。

2. 范例题目：是否所有学生都必须通过州级考试才能毕业？女孩比男孩生活得更容易吗？

3. 学生自行选择支持的观点，或者由教师进行分配。赞成方是“正方”，支持辩论主题。反对方是“反方”，反对辩论主题。

4. 确定主持人。主持人掌控辩论议程，可以由教师或学生推选。主持人应介绍辩论主题，公平主持辩论赛，让正反双方轮流发表意见，然后结束辩论赛。主持人可以是教师，也可以是学生或嘉宾。主持人应研究辩论的过程和行为，并制定辩论议程和策略以掌控辩论现场。

5. 确定开篇陈词和总结陈词的学生。学生可以自愿或被分配担任该角色，他们需要提前准备好开篇陈词和总结陈词，并在两分钟之内完成陈述。辩论先由正方一辩破题立论，然后是反方一辩。主持人应提醒双方，陈述应简短，论据应充分。陈词学生可先与小组其他成员共同准备，再进行辩论陈词，这样或许能获得额外加分。

6. 进行研究。学生应研究自己的立场，至少准备 4 个论据，同时也可找出对方的论据，并准备好抗辩。可参考表 2.6 中的模板。

7. 主持辩论。

8. 回顾和评估本场辩论中学到的东西，吸取经验教训以备后用。

表 2.6　辩论模板

辩论陈词：				
引用来源	正方事实和观点	正方论据	反方论据	反驳观点

策略 36　拼图和字谜

拼图和字谜非常适合那些喜欢以触觉方式处理信息的学生。无论是讲座，还是课本阅读，任何知识都可用拼图游戏的形式予以讲授。如图 2.7 所示，学生可以自己制作一些拼图，并且保存好这类做好的拼图卡片，以备后用。

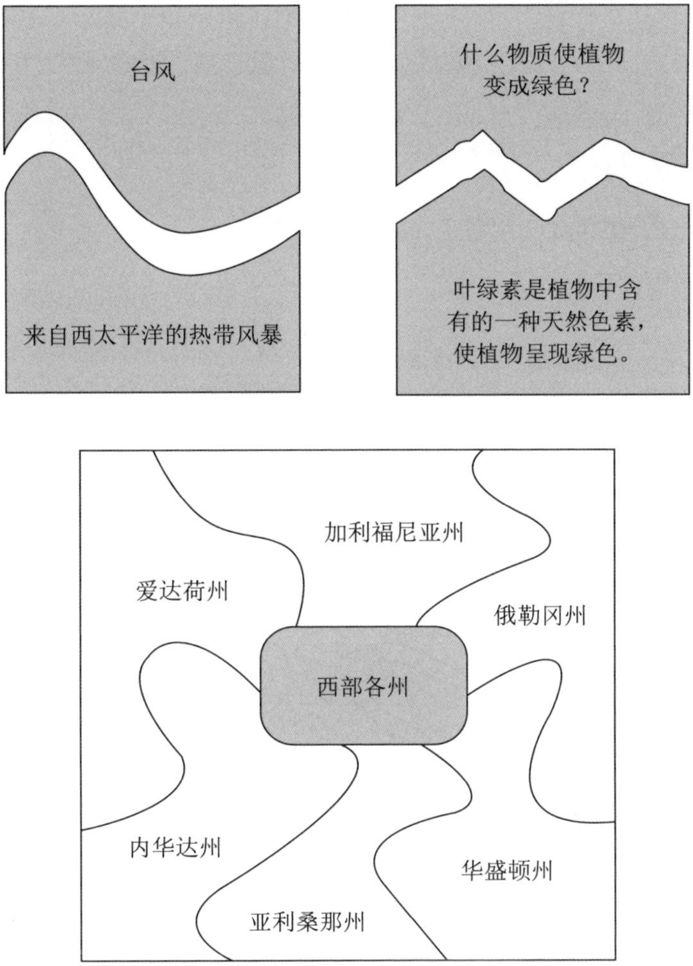

图 2.7　拼图游戏

来源：改编自 Rita and Kenneth Dunn, *Teaching Students Through Their Individual Learning Styles: A Practical Approach*. Pearson Education. 1978. 经许可引用。

策略 37　游戏

课堂游戏非常有必要。通过课堂游戏，学生能够提高注意力，并能享受轻松的竞赛，释放多感官天性。因此，游戏能有效提高学生成绩，激励学生学习，正如图 2.8 的地理跳棋游戏。课堂游戏时要注意以下内容：

◆游戏目的：回顾地理知识、分子结构、事件等。

◆游戏形式：不限，原创或改编均可，如你画我猜、家庭问答、拼字比赛等。

◆问题类型：简答题，是非题，多项选择题。

◆比赛获胜方式。

◆玩家怎么玩或得分：用骰子、纸牌或转盘。

◆游戏所需物品。

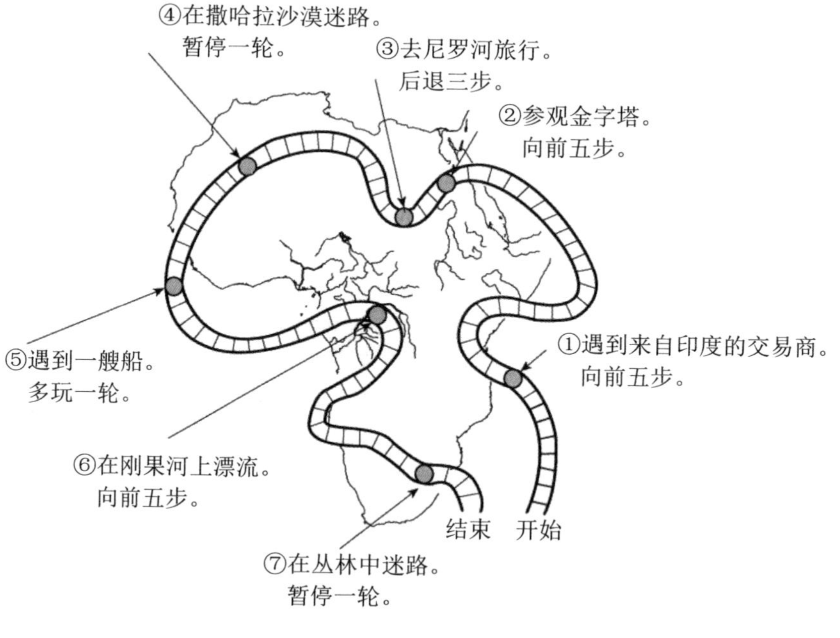

图 2.8　地理跳棋游戏

来源：改编自 Linda Campbell, Bruce Campbell, & Dee Dickinson. *Teaching and Learning Through Multiple Intelligences* (p.114). 3rd Edition. 2004, Pearson Education. 经许可引用。

策略 38　音乐学习

大多数人都会有这样的经历：音乐可以唤起我们的想象和记忆，还能影响心情。许多教师用音乐使学生安静下来或者把它当成奖励，但很少将其用于教授知识。然而，音乐学习可以是一个多感官参与的过程。例如，下文展示了创造性写作的流程。我们发现，除了语言艺术，音乐还可以激发学生的其他学习兴趣。

创造性写作

1. 准备。

选 4 首不同类型的纯音乐带到课堂上。和学生一起回顾小说的内容，明确写作目标。告诉学生，他们将会听到 4 段音乐，这些选段有助于启发故事情节。学生可以想象自己是电影制片人，需要根据配乐创作一个电影剧本。

2. 播放音乐。

告诉学生你会先播放第 1 选段的一部分，时长约两分钟。它能启发学生勾勒出小说的“角色 1”及其性格。播放结束后，抽选两三个学生分享他们关于“角色 1”的想法。要求所有学生在受到音乐启发后快速写下角色的关键细节。

听第 2 段音乐。建议听几分钟后，让学生根据音乐设定一个小说情节。然后，要求学生用一两分钟快速写下关键细节。

告诉学生，第 3 段音乐将产生“角色 2”，这个角色会与“角色 1”产生矛盾。第 3 段音乐非常尖锐，与前两段形成鲜明对比。同样，播放一小段后暂停一两分钟，给学生一些时间，捕捉、记录他们的灵感。

第 4 段音乐可以帮助学生想到解决角色矛盾的办法。播放几分钟后，学生用一两分钟记录关键细节。

3. 撰写故事。

带着这些新鲜创意，教师可要求学生通过画图或列提纲的方式构建故事大纲（见策略 27）。然后根据教师提供的标题或评估指南，学生可以自行补充故事细节。

课程中使用的音乐

音乐可以多方面地促进学习。例如，历史上，一个时代的歌曲可以告诉人们那个时期的社会态度和价值观。作曲时，音乐家会遵循一定的数学规则，因此数学课堂也可以采用不同的音乐选段来组织。许多教师和资优生都能用课程内容改写熟悉的歌曲。多年来，有些学生认为这些歌曲让学习变得生动有趣，还能巩固记忆。

策略 39　舞台剧

研究表明，舞台剧教学法可以有效提高学生的学习成绩。舞台剧能够轻易地将课文中的概念或段落戏剧化。运用这种策略时，教师读一小段课文，选一人或全班一起用动作诠释课文。例如，舞台剧可以描绘完整的数学故事问题、光合作用的过程或词汇术语等。当然，在阅读选段前，教师须先确定一位演员并鼓励学生参与。在刚开始表演时，如果学生害羞，有点扭扭捏捏的，那么可以让学生坐着进行肢体表演。较年长的学生可能更愿意当演员。另外，也有一些性格外向的学生更愿意尝试。表 2.7 是一份舞台剧提示表，可以为没有用过该方法的教师提供帮助。教师可以把该表加入备课本或其他地方，从而方便教学。

表 2.7　舞台剧提示表

舞台剧提示表	
内容选择	1. 略读全文，找出关键概念。 2. 节选一段在课堂上阅读。 3. 增添感官细节——气味、声音、图像。 4. 尽可能增加密谋、紧张或冲突情节。
引导学生	1. 解释活动的学习目标。 2. 强调期望表演者和观众会有怎样的表现和反应。 3. 要求部分学生自愿或全班参与其中。 4. 如有需要，安排专门的场地。 5. 描述活动的步骤。 6. 展示开始和停止的信号。
舞台剧的话题	1. 如果文章很简短，读一遍让学生产生感想。 2. 让演员进入表演区。 3. 让观众注意对演绎故事有帮助的内容，并帮助同伴。 4. 发出信号，开始朗读和表演。 5. 朗读速度要慢，注意强调重点。 6. 如有需要，可以重复关键短语。 7. 发出信号示意结束。
汇报和重复	1. 感谢演员。 2. 询问观众学到了什么。 3. 询问演员是否强化了所学内容；如果是的话，是如何实现的。 4. 询问观众是否想“编排”这篇文章；如果想的话，谁愿意出演。

策略 40 角色扮演

另一种“戏剧性”体验式学习方法是角色扮演。角色扮演可以让学生在有或没有道具和剧本的情况下想象他人的观点。角色扮演还能应用于学科辩论。下文的角色扮演流程采用对比视角，可应用于各个学科领域。

1. 从所教课程中选一个有争议性且值得学生积极思考的知识点。找两篇持相反观点的短文或课文段落。将短文发给学生或让学生在课文中找出这些段落。

2. 学生 3 人一组，分别担任以下 3 个角色之一：朗读者、观点 1 号和观点 2 号。

3. 朗读者大声朗读两篇短文，其他两人跟着默读。小组应确定核心矛盾和两个对立观点。观点 1 号和观点 2 号须确定各自支持的观点。

4. 观点 1 号和观点 2 号从各自的角度展开讨论，利用课本中的例子捍卫自己的立场。当需要澄清或讨论跑题时，朗读者可以重新朗读相关内容。

5. 矛盾双方都陈述观点之后，将下表分发给各小组，让他们将不同意见填入第 1 列和第 3 列。

表 2.8 角色扮演的不同观点

<table>
<tr><th>学生的姓名和角色</th><td colspan="2"></td></tr>
<tr><th>简要陈述冲突</th><td colspan="2"></td></tr>
<tr><th>观点 1</th><th>共同点</th><th>观点 2</th></tr>
<tr><td>论点 1</td><td></td><td>论点 1</td></tr>
<tr><td>论点 2</td><td></td><td>论点 2</td></tr>
<tr><td colspan="3">决定和理由</td></tr>
</table>

6. 然后，3 位学生将达成共识的内容填入“共同点”一栏下。

7. 最后，通过文章或头脑风暴得出解决矛盾的方案，并进行小组讨论。小组应先尽力找到双赢的解决方法。如果不行，按照少数服从多数原则，采用多数人赞成的方案。该决议及其理由应体现于表格中。

8. 角色扮演结束后，给学生布置“给编辑发文章或写信”的作业，或让学生举办一场辩论。

策略 41　一周的日志

学生的另一种知识互动方法就是写日志。日志要求学生以个性化的方式积极处理、反思和储存信息。此外，当学生记日志时，他们发展了元认知里的自我意识——这是走向独立学习关键的第一步。

有些教师每天都会使用日志策略，而有些教师只在教授重点知识后才使用。无论实现方式如何，学生都时常需要建议来启发反思。下表为学生提供了一些反思内容，他们可以选择一周中的任意一天，以写日志或者非语言的方式来梳理、整合思绪。

表 2.9　日志选项

周一选项	周二选项	周三选项	周四选项	周五选项
我最感兴趣或最不感兴趣的是什么？因为什么导致了这样呢？	对我而言，最难的或最简单的事是什么？	我最确定或最不确定的是什么？	我新学的知识是什么？我已经知道的知识是什么？	我对课堂有什么贡献？
学习中的一幅画或者图形组织者。	与学习相关的歌词是…… 因为……	电影、新闻或电视节目以……方式阐明了主题。	以雕塑、舞蹈、诗歌等形式进行类比。	我用颜色标记学习，方式是……
我对这个话题的态度是…… 因为……	我想回答的问题是……	我了解了……的中心思想。 方法是……	我的错误是…… 因为……	我一直记得的事是……

策略 42　学生设定目标

学习如何管理和评估自己的学习，这对 K-12 教育工作者和整个社会来说，都至关重要。当学生有机会承担学习责任时，就能取得进步。这可能是短期目标，但实际上，学生正在学习各种技能以实现长期目标——成为终身学习者。然而，自主学习技能的学习需要先于其他技能。一种策略是：确立目标，将学习责任从教师转移给学生。学生设定的目标应针对一些关键问题：为什么、是什么、何时、在哪里、如何做。

学生设定目标

学生确定一个自己感兴趣且与课堂相关的话题。例如，4 年级学生正在学习“简单机器如何工作”单元。教师要求每个学生确定自己感兴趣的学习目标，同时，该目标要与简单机器这一主题相关。通过一两次家庭作业练习，完成目标。

开展头脑风暴后，一些学生的选择如下：一位学生决定比较小杠杆能举起的重量，并在表中记录了相关信息。另一学生想对简单的烹饪机器进行分类。第三个学生决定运用机械效率公式来练习分类技巧。所有学生都可按照学习目标完成下面的学习目标图。

学生姓名：________________　单元话题：________________
日期：________________　个人目标：________________

为什么：我想达到这个目标是因为________________
是什么：要实现目标，我的任务是________________
何时：为实现目标，采取行动的日期是________________
如何做：我将如何展示所学到的内容________________
如何做：我将如何评估学习质量________________

图 2.9　学习目标图

策略 43　基于项目的学习

基于项目的学习将部分直接教学功能从教师处适当地转移给了学生，如制订学习计划，进行时间管理和评估。结果是，学生掌握了一些成人技能。这是因为大多数成年人的工作都是在项目中进行的，生活需要主动、持续的学习。为了让学生积极管理学习，教师可使用表 2.10 的项目规划表，供学生学习时参考。

表 2.10　学生项目规划表

项目步骤	例子	学生
1. 目标 阐述目标。	1. 目标 我想了解视觉幻象是如何产生的。	1. 目标
2. 问题 将目标重述为一两个研究主题。	2. 问题 视觉幻象是什么？ 它们是怎样欺骗我们的眼睛的？	2. 问题
3. 成果 除一份三页的报告外，确定两种以上成果的课堂展示方式。审查报告，介绍评分量规。	3. 成果 课堂演讲。 展示一个视觉幻象的样本。 一份供同学们查阅的讲义，并尝试现场制造视觉幻象。	3. 成果
4. 数据 确定三个或更多的信息来源。	4. 数据 使用互联网。 阅读 M.C. 埃舍尔的作品。 到图书馆查阅材料。 采访眼科医生。	4. 数据

续表

项目步骤	例子	学生
5. 时间表 创建一个为期三周的时间表。 第一周： 收集材料并阅读。出现相关信息时，精读材料并做笔记。制作参考文献列表。 第二周： 重读笔记。如有必要，可以在笔记上添加信息和相关引用材料。收集课堂演示的资料。将笔记按类别重新整理。将能回答的项目问题的信息添入笔记。使用图形组织者和量规来撰写报告。 第三周： 根据量规起草报告并编辑。重审量规。完成最终版本和参考书目。使用量规进行自我评估并上交。准备展示内容。	5. 时间表 第一周： 从图书馆找到相关材料和埃舍尔的书。与眼科医生排定日程。使用互联网和书籍查阅资料。针对两个问题做笔记。列出采访问题。 第二周： 根据眼科医生的采访信息修改笔记。为报告和课堂展示选择图片视频资料。制作自己的视觉幻象。通过图形组织者构思报告。 第三周： 制作课堂上用的发放材料。 拟好课堂展示的大纲，并检查项目量规。起草报告，并进行编辑。完成最终版本并进行评估，然后上交成果。	5. 时间表
6. 反馈 课堂展示，使用量规进行自我评估。收集同学反馈。	6. 反馈 演讲结束后完善量规。征求班上同学的意见。	6. 反馈

策略 44　整合知识：班级记录本

学生可以通过编写班级记录本，来负责自己的学习。这类记录本由历次课堂记录组成，全方位记录了一门课的学习经历。记录本可使用灵活性较好的三孔文件夹，这样学生在读书时可以随时新增插页。例如，学生可以在修正作业后，或者每半个月与同伴讨论一次记录本并修改其内容之后，增补记录本内容。

课程结束前，要修改记录本的三个文件：目录、学生制作的课程日程表，以及课程结束时学生制作的学习进度日程表。图 2.10 列举了班级记录本的基本要素。

1. 课程大纲，教学大纲，或其他教师材料
2. 知识背景范例
3. 笔记
4. 练习
5. 团队任务成果
6. 测试
7. 日志
8. 例文选段
9. 家庭作业
10. 课程或特殊活动的日程
11. 目标表
12. 图片、照片
13. 合同
14. 项目
15. 课程日程表和个人成就

图 2.10　班级记录本的基本要素

关于主动学习的更多建议

Campbell，L.，Campbell，B.，& Dickinson，D. (2004). *Teaching and learning through multiple intelligences* (3rd ed.). Boston: Pearson.

该书为教育工作者提供了大量的多元教学模式。在简要说明了加德纳的多元智能理论之后，该书介绍了八种智能的识别方法、课堂环境和资源思考、数百种教学和评估策略以及网站等，还提供了现成的课程计划和课程单元，以及K−12课堂和整个学校的模型。

Moore，R.，& Moore，M. (2004). *Active teaching and learning strategies: Creating a blueprint for success*. Cary，NC: Trafton Publishing.

该书的课堂实践始于学业标准和学生数据。该书由教育行政人员撰写，他们倡导四种元素教学设计，包括学业需求、社会需求、环境需求和学生发展需求，这些元素将通过应用主动学习策略得以实现。作者认为，有效教师与杰出教师的差别在于：杰出教师关心学生，有效利用数据，采用积极的教学技巧，确保学生成为主动学习者。

Willis，J. (2006). *Research-based strategies to ignite student learning*. Alexandria, VA: Association for Supervision and Curriculum Development.

作者是经过职业认证的神经学家和中学教师。她凭借自身的神经学专业知识和课堂经验，历经数十年以学习为中心的大脑研究，探索出一些非常有效且与教育工作者相关的信息，最后完成了这本能提高学生成绩、操作性强的全面教学指南。

第 3 章 确保性别平等的教学

教育中的性别问题最初强调女孩的需求。20 世纪八九十年代，鉴于女孩在校内外的遭遇，不平之声纷起。女孩们在课程中被忽略，在课堂讨论和体育活动中被歧视。总体而言，当时她们的数学和科学课成绩不如男孩，被教师忽视，且缺乏自信，之后还会遭遇经济不公（American Association of University Women Educational Foundation，1992；Sadker & Sadker，1994）。

到 2007 年，在数学和科学成绩上，女孩已经不逊于男孩（National Assessment of Educational Progress，2007）。她们修了更多的大学预修课程（Advanced Placement），在阅读和写作上保持领先，在高中毕业、上大学、拿到学位这三方面都强于男孩（Greene & Winters，2006；Mead，2006；U.S.Department of Education，2004）。但在经济上，年轻女性的收入却很难赶上男性。

女性拿到大学学位，能够从事一些低收入职业，如教师。而且，拿到大学学位的女性，在二三十岁时，收入几乎没有超过那些大学肄业的男同事。即使排除了职业选择问题，新近女大学毕业生的收入也低于男性。这些数据只不过描述了女性职业经历的最初阶段而已。虽然 K-12 的女性教育成果受到赞扬，但从 20 世纪九十年代开始，也有人关注到，男孩学习成绩落后于女性。美国国家教育评估（NAEP）测试成绩和高中毕业数据都表明，男孩的成绩和考试分数都低于女孩，经常被认为存在学习障碍，且行为夸张，辍学率更高，上大学的人数更少（Coley，2001；Educational Research Service，2007a；Greene & Winters，2006；Gurian，Henley，& Trueman，2001；Sadker & Sadker，2001；Sommers，2000；Viadero，2006）。

为了说明教育成果在性别上的数据差异，下文提供了表 3.1A 和 3.1B。这两个表格只针对高中学生的部分数据，包括了 2005 年美国国家教育进展评估中 4、8 和 12 年级学生阅读和写作的分数。

高中毕业资料对此也有列出，并解释了数据来源。读者可能知道，毕业生人数的计算方法各有不同。由于没有一个标准化的方法，数据有很大的差异，关于什么是准确的计算方法，也存在很大争议（Greene & Winters，2002，2006；Mishel，2006；National Governors Association，2005）。表3.1A、3.1B来自曼哈顿研究所的杰伊·格林（Jay Greene）和马克斯·温特斯（Marcus Winters）的研究。这两位分析者不认同“正式”的官方方法，提出了自己独创的毕业生人数确定方法，受到广泛认可。其数据来自美国国家教育统计中心的共同核心数据库（CCD），以下数据针对的是2003年。选择2003年，而不是更近的年份，是因为CCD花费了相当长的时间才取得了现有数据。虽然数据有些陈旧，但毕业数据每年的变化并不大（Greene & Winters，2006）。格林和温特斯确定毕业率的方法与其他方法的区别在于，该方法连续4年跟踪学生，也没有将GED（普通高中同等学历证书）与文凭等同。

现在说到更晦涩的问题。本书包含了美国印第安人和阿拉斯加土著学生的不完整数据。土著学生只占全国人口的1%，经常被合并到“其他”项中，所以他们的教育经历一直不为人所熟知和关注。由于其经协商所形成的特殊地位及在美国社会中的角色，本书认为需要将其包含进毕业率统计之中。这些数据很难确定。幸运的是，格林和温特斯确定了土著学生2002年的毕业率。该数据也加入了下表，但其分析研究不同于其他学生群体的研究，而且没有进行性别分类。

表3.1A　2005年NAEP分数及2002年高中毕业率中达到或高于基本要求的男生在种族和年级层面中的百分比

种族	4年级数学	8年级数学	12年级数学	4年级阅读	8年级阅读	12年级阅读	高中毕业率[1]
白人	90	76	69	72	76	69	74
黑人	59	43	46	36	43	46	48
拉丁裔	69	50	55	42	50	55	49
亚洲/太平洋诸岛	89	75	70	68	75	70	71
美国印第安人和阿拉斯加土著	73	57	无数据	44	57	无数据	57[2]

来源：National Assessments of Educational Progress, National Public School Students,2005.

1　高中毕业率来自曼哈顿研究所杰伊·格林和马克斯·温特斯（2006）的研究。

2　土著学生高中毕业率来自曼哈顿研究所杰伊·格林和马克斯·温特斯（2002）的研究。

表 3.1B 2005 年 NAEP 分数及 2002 年高中毕业率中达到或高于基本要求的女生在种族和年级层面中的百分比

种族	4 年级数学	8 年级数学	12 年级数学	4 年级阅读	8 年级阅读	12 年级阅读	高中毕业率[3]
白人	89	86	87	77	86	87	79
黑人	69	58	57	46	58	57	59
拉丁裔	65	60	63	47	60	63	58
亚洲 / 太平洋诸岛	90	83	73	75	83	73	74
美国印第安人和阿拉斯加土著	66	66	无数据	54	66	无数据	57[4]

来源：National Assessments of Educational Progress, National Public School Students, 2005.

3 高中毕业率来自曼哈顿研究所杰尼 · 格林和马克伊 · 温特斯（2006）的研究。

4 土著学生高中毕业率来自曼哈顿研究所杰尼 · 格林和马克伊 · 温特斯（2002）的研究。

从以上数据中可以得出一些明显的结论。首先，在数学和阅读中，所有年级的女孩通常都优于男孩。毕业率也是如此。这就解释了一个重要问题，为什么男孩更少拿到学位。虽然上文未提供与之相关的数据，但其他国家也存在着男孩毕业率较低的问题。这很有趣，也让人不安。澳大利亚、加拿大、英国及其他国家正千方百计提高男孩的学业成绩（Bishop，2006；Educational Research Service，2007a）。

上述数据另一个令人不安的结论是，白人和少数种族学生之间的差距很大。许多研究人员认为，这种测试结果很好地揭示了美国根深蒂固的种族和阶级问题（Barnett & Rivers，2006；Educational Research Service，2007a；Mead，2006）。种族和经济不平等会持续削弱学生的成就。

虽然不是本书内容，但需要指出，NAEP 的长期趋势数据也带来了一些好消息。NAEP 长期分数表明，自 1992 年以来，截至 2007 年，4 年级和 8 年级男孩的阅读情况有所改善。事实上，正如 2007 年一样，除了美国土著男孩，所有 9 岁和 13 岁男孩的阅读技能都得到了提高，尤其是非裔美国群体。相似的，所有年龄和种族的大多数男孩都在数学上有了显著进步。但 12 年级男孩的阅读表现却下降了。

同时，女孩成绩提高的速度超过预期。女孩的数学和科学成绩得以改善，实际上已经消除了之前与男孩之间的差距。女孩的阅读一直领先，自从 1971 年第一次实施 NAEP 后，一直如此。在写作方面，女孩明显领先于男孩。

但是，尽管有这个好消息，以上两表均反映出一个令人非常不安的事实，那就是男性和女性学生的高中毕业率都很低。大概一半的少数种族学生和 30% 的主流学生都没有从高中毕业。最大的性别差距产生于美国非裔女性和男性之间。

并不能认为毕业率低只是高中的事情。一些研究者，比如约翰斯·霍普金斯大学的罗伯特·巴兰兹（Robert Balfanz）和内蒂·李德斯（Nettie Legters）发现，初中学习成就是学生高中毕业的重要因素（Lloyd，2007）。准备不足的学生，尤其是男孩，在 8 年级过渡到 9 年级时，会有更大的困难。2007 年文凭统计表明，超过 30% 的学生未能完成高中学习，这一直被认为是“教育系统的最大漏洞”（Haney et al.，2004）。显然，我们需要让所有年级和性别的学生都做好充分准备，提高毕业率。

教育中性别差异的原因

是什么导致男女学生的 K–12 教育结果如此不同？大量研究都试图解释这种性别差异，但都无法给出确切结论，也很难证实直接的因果联系。但教师必须对此有所作为。尽力解读学习成就的性别差异，总好于束手无策，否则会造成规划和政策失当。下文总结了关于性别差异的 4 种主流教育理论：

1. 社会化因素

有研究认为，相比男孩，女孩的典型行为更接近“理想学生”（Hunsader，2002；Lingard et al.，2002）。大多数男孩想被视为男人，因此可能隐藏自身的学业兴趣（Hunsader，2002；Pollack，1998）。在学校以外，来自家庭、其他成年人以及媒体和娱乐业的社会影响，会加深其对社会角色的狭隘认知（American Association of University Women [AAUW] Educational Foundation，1998；Brown & Gilligan，1992；Educational Research Service，2007a；Gilligan，1982；James，2007；Kindlon & Thompson，1999；Sadker & Sadker，1994）。

2. 教育因素

学校课程、教学方法和教师的不同处理方式可能会对女孩和男孩产生不同影响（AAUW，1998；Sadker & Sadker，2001）。正如 NAEP 测试成绩所示，男孩的阅读一直不如女孩。改变阅读的类型和材料，将写作按照阶段组织起来等策略都能激发他们的兴趣并提高其成就。有些研究者也建议提供积极或不太积极的作业选择，分别满足男生和女生的需求（Gurian & Stevens，2005；James，2007；Kindlon &

Thompson，1999）。另外，也可以提供视觉任务，以及具有竞争性和面向技术的任务。

3. 缺乏榜样、导师和社交网络

男女学生的校内外榜样有限（Brown & Gilligan，1992；Educational Research Service，2004，2007a；Education Review Office，2000；James，2007；Kindlon & Thompson，1999；PBS，2007）。教师主要是女性，她们可以作为女孩的积极榜样，但不一定是男孩的榜样。但是，对于那些能同时激励男女学生的其他行业榜样，学校也没有便捷的联系渠道。此外，很多男孩得到的父亲的关爱太少。即使父亲到场，他们也更多地关注自己儿子的体育活动，而不是学业。男孩和女孩经常感到与世隔绝，缺乏能强化学业目标的社交网络。

4. 生物因素

有研究认为，男孩和女孩天生不同，这种生物因素影响了行为和学习。从神经病理学上说，女孩可能具有语言优势，而男孩往往在视觉空间任务上表现更好（Gurian & Stevens，2005；Kimura，2002）。女孩更容易开展多任务，而男孩会对大脑活动进行分区，对单独任务的关注时间更长（Gurian & Stevens，2005）。女孩的前额皮质发育较快，这可能表明她们能更好地控制冲动（Neu & Weinfeld，2007）。男孩可能需要通过运动和行动来学习（Gurian & Stevens，2005；Hunsader，2002；James，2007）。其他研究人员则认为，男女在生物差异上同大于异（Campbell & Sanders，2002；Kafer，2007；Sylwester，2005）。此外，他们认为，同性别个体的差异比男女差异更大。最后，值得关注的是，美国国立卫生研究院开展的第一轮正常儿童脑部发育 MRI 研究发现，与以往研究相比，性别相关差异变少了，且现有差异到青少年时期就消失了（Children's Hospital Boston，2007）。

关于提高学生成绩的性别平等方法的现有研究

虽然男女学习成绩不平衡的原因仍存在争议，但许多研究表明，学校和课堂上的努力可以改善学生的学习。

首先，教师可以反思课堂动态。很少有教师接受性别平等方面的培训或在职专业教育。据估计，教师在一天内与学生有多达 1000 次互动（Bullock，1997），所以行为比语言有更多的机会发挥作用。教师的观察，无论是看自己的视频还是来自同事的反馈，都已被证明可以提高我们对于教学以及学生不同需求的认识（AAUW，1998；Bullock，1997；Campbell & Sanders，1997；Educational Research Service，2007a；Teachers21，2007）。

减少性别差距的第二种反思方法是评估我们的教学书面材料和视觉材料。例如，研究表明，学生将多达80%到95%的时间花在教科书上，且许多教学决策都是基于教科书（Hulme，1988；Woodward & Elliot，1990）。尽管非性别歧视性材料开发已有所进展，但也并非不再有偏见。例如，在课本和插图中，男性在语言艺术、数学、社会研究和科学方面出现得更多，少数族群和女性的世界观相对有限，很多海报和展示品也都没有表现出男性在学习上和女性在非传统领域中的成就（Educational Development Corporation，1999；National Council of Teachers of English，2002；Sadker & Sadker，1994；Teachers21，2007；Wilson，2003）。这种代表性不足似乎表示，妇女群体在社会中常被忽视，而教育在男子的成年生活中是无关紧要的。明确了关注目标，教师就可以评估文本和其他教学材料，确定不平等性，补充适宜内容，或者将其作为偏见的证明。本章提出了这样做的策略。

然而，反思性方法还不足以建立公平的学习环境，必须注重提高男孩的阅读和写作技能。因为，根据NAEP数据，男孩在这些方面比女孩落后。与此同时，研究人员指出，“男孩友好型”教学策略，同样受到很多女孩的欢迎。性别特征只是学习者的特征之一，最终所有学生都将作为个体存在。“性别平等”和“男孩友好型”教学策略的共同实施，能够为学生提供更丰富的学习选择，使每个人都受益。（Educational Research Service，2007a；Neu & Weinfeld，2007；Newkirk，2002）。例如，男女学生都喜欢更丰富的课堂阅读材料。然而，当教师给出的阅读材料包括纪实文学、幽默文章和图像取向的材料，或以杂志、网站等媒介形式呈现时，男孩的阅读参与便更为积极，研究人员认为这些现象与他们的校外阅读有关联（Kommer，2006；Munns et al.，2006；Newkirk，2002）。同样，运动和动手操作也能够改善阅读能力（Devon County Council [UK]，2000；Education Review Office，2000；James，2007）。

相关研究一直在关注如何提高男孩的写作成就。英国教育标准办公室（U.K. Office for Standards in Education）在2003年开展的一项研究中提出了几项有效策略，包括让学生经常写作，最终形成对写作过程的耐力和熟悉度。除非要出版，一般不需要学生改写太长的材料。虽然体裁和形式是由教师提前规定好的，但学生可以选择内容，在各个写作阶段努力进行写作，接受频繁而及时的反馈。教师们也提出，他们喜欢不同的写作风格，喜欢男孩的言简意赅和逻辑思维，以及他们的幽默之外的写作内容（Fletcher，2006）。为了提高女孩的成就，应鼓励她们写出自己对概念的理解，因为女孩们对此很擅长，也通常感到很舒服。

由授课教师或学校共同设立的辅导和支持计划，无论是正式还是非正式的，都可以减少无故旷课，提高学生成绩和男女学生的毕业率（Corbett & Wilson，2000；Educational Research Service，2007a；James，2007；Taylor & Lorimer，2003；Younger & Warrington，2005；Zirkel，2002）。事实上，在一项跟踪研究中，齐克尔发现，如果学生有了至少一位种族和性别方面的榜样，其在接受辅导的至少两年内，学业表现都会更好。效果还不止于此。也有学生报告说，有了合适的导师，他们会更多地考虑未来。也有研究表明，学生、教职工、社区成员和家人，都能提供所需要的鼓励和支持，帮助男女学生提高学业成就，成功地从中学阶段毕业，并获得文凭。正如杨格和沃灵顿（Younger & Warrington，2005）所言，有着支持性关系的学生会反过来影响到那些缺乏此类关系的伙伴。现有研究也提出了帮助男孩和女孩学业成功的一些方法。本章介绍了其中几条策略，其一就是开展从中学到高中的过渡项目（Cooney & Bottoms，2002；Educational Research Service，2004；Letrello & Miles，2003；Southern Regional Education Board，2002）。其他的还包括偶尔采用竞争性的学习方法（Devon County Council [UK]，2000；Goldstein，Haldane，& Mitchell，1990；James，2007；Noble & Bradford，2000）；合作学习能挖掘女孩寻求共识、借鉴他人想法的技能；在讨论和写作中向所有学生提出更高层次的问题；提供动手和动觉活动；开展简短、分块和限时的任务；提供明确、具体的指示（AAUW，1998；Noble & Bradford，2000；James，2007；PBS Parents，2007；Slavin，1990）。仍然需要继续努力提高女生对计算机的兴趣，使其未来更适合从事一些高薪工作（National Center for Education Statistics，2005b）。目前，高中和大学期间，女子参加高级计算机科学课程的比例都达到了 15%。

虽然性别问题会持续影响所有学生的教育，但是教师可以在教室中对男女学生分别培养。本章中涉及四种技巧，支持消除性别差异：教师自我反思、评估教学材料中的性别问题、性别平等教育、开展提高高中毕业率的过渡项目。最终，所有的教育工作者都知道，每个学生的学习方式都是非常特殊的。作为教师，我们应该擅长观察学生，使他们真正发挥天性。

策略 45　开展课堂性别审核

性别问题的存在，部分源于社会惯性看待以及对待男女的不同方式。促进课堂公平的第一步就是意识到基于性别的隐性课堂动态，并努力予以改变。表 3.2 中的课堂审核可以由教师独自开展，也可以由教师的同事开展。

表 3.2　教师对性别问题的评定

公平问题	经常	有时	可以改善
环境考量			
1. 男女在公告栏、海报和墙壁装饰品上出现程度相同。			
2. 课堂视觉材料描绘了男性的养育角色。			
3. 课堂视觉材料描绘了女性的积极角色。			
4. 男女工作榜样的展示程度相同。			
5. 教室图书角的书籍展示了男性和女性的非传统角色。			
教师行为			
6. 使用性别公平的语言。在提到护士或修理工时，避免使用她或他作为称呼。			
7. 提出问题后等待 5 到 10 秒钟。			
8. 监控语言、声音、语气和非语言行为，避免性别暗示。			
9. 与男女学生闲聊保持同样的数量和类型。			
10. 教师向男女生寻求同样帮助。			
11. 上课时，叫到男女生的情形保持一致。			
12. 面对破坏课堂的学生，教师的反应保持一致。			
13. 男女生排座无区别对待。			
教学策略			
14. 向男女生同样提出高层次问题。			
15. 所有学生都能进行积极的实践学习。			
16. 课堂小组要男女混编。			
17. 课程材料要体现男女的多种角色。			
18. 课程材料和课堂嘉宾都强调男性和女性榜样。			
19. 向所有学生提供具体的建设性反馈。			

策略 46　搜集学生的性别动态反馈

表 3.3 适用于愿意了解学生如何认识课堂性别动态的教师。

表 3.3　关于课堂中性别动态的学生观点

教师姓名：			
班级名称：		日期：	
我是一位：	女生________　男生________		

请检查最适合你的答案	从不	偶尔	经常
课堂环境			
1. 墙上的照片公平展示男孩和女孩。			
2. 男孩和女孩的作业都张贴公示。			
3. 男孩和女孩拥有同样数量的书籍和其他阅读材料。			
4. 我在这个班上很受欢迎。			
5. 我觉得在这个班上不受重视或不被欣赏。			
6. 教师跟我说的话和跟其他人说的一样多。			
7. 教师期望我在本班全力以赴。			
8. 教师期望所有人在本班都全力以赴。			
教与学经验			
9. 我们从教师讲课中学习。			
10. 我们通过全班讨论学习。			
11. 我们通过实践操作学习。			
12. 我们通过小组合作学习。			
13. 我们独自学习。			
14. 教师要求女孩回答问题。			
15. 教师要求男孩回答问题。			
16. 我上课发言时被打断了			
17. 教师给我足够的时间回答问题。			
18. 如果我的行为不当，教师对我是公平的。			
19. 如果他们行为不当，教师是公平的。			

我最喜欢的学习方式是____

我会改变一件事，使这个班对女孩更好：________________________________

____

我会改变一件事，使这个班对男孩更好：________________________________

____

我会改变一件事，使这个班对我更好：__________________________________

____

策略 47　评估教学材料中的偏见

对于教师来说，发现教学材料中的潜在偏见，有助于认识到偏见的不同表现方式。大卫·萨德克和迈拉·萨德克（Sadker & Sadker，2001）确定了教育材料中的七种常见偏见。表 3.4 修改了其研究，用于评估课堂材料中是否有明显的性别局限。

表 3.4　教学材料中性别歧视评级

教学资料的标题：________________________________

偏见形式	没有明显偏见	有明显偏见	如何消除偏见
省略：课本和插图没有平等展示性别。			
性别语言：使用了男性代词和术语，如人类（mankind）和祖先（forefathers）。			
刻板形象：使用“传统”角色表现性别，比如男性重装备操作者和女性护士。			
不平衡：重要问题的信息极少，比如只有一段话解释美国的选举权运动。			
非现实性：支持传统观点，避免有争议的话题，比如在描述家庭时，避免提及离婚数据。			
碎片化：以碎片化或分组形式表现群体，所以所有女性作家被放在一起，而不是与其他男性合在一起。			
掩饰性偏见：当略有涉及性别偏见时，通过调整材料篇幅、数量等，掩饰其中的偏见。			

来源：David Sadker & Myra Sadker（2001）. Zn James Banks（Ed.）. *Multicultural Education:Issues and Perspectives*（4th ed.）.Published by John Wiley & Sons. 经许可引用。

策略 48　优质提问

教师或其他人对学生的提问有不同的认知需求。不管学生性别或能力如何，都应该要求所有学生回答较高层次的问题。以下问题可以复印并裁切，以便在课堂讨论过程中参考。如果需要，学生可以分为几个小组。提醒一句：在要求学生回答问题前，要等待 5 秒钟，提高学生的思维质量。请注意，可能有用的其他询问策略有策略 11、12 和 34。

表 3.5　课堂优质提问的问题

关键思考的问题	评估思维的问题
你能给些什么例子？ 可能存在哪些替代方案？ 你有什么问题？ 我们可以采取什么步骤？ 我们做出决定需要什么信息？ 你可以得出什么结论？ 什么是解释？ 你同意吗？为什么？你是怎么知道的？ 你会做什么选择？ 如果……，可能会怎样？ 有哪些证据可以支撑？ 可能会有什么结果？为什么？ 有什么优点或缺点？ 谁的观点是显而易见的？ 这个信息是否有偏见？ 有什么不确定的假设？ 主题或要点是什么？	你如何看待……为什么？ 他或她为何选择…… 最有效还是最无效的是…… 你有何推荐？ 我们可以开发哪些标准来评估…… 你将用什么标准来确定…… 这能在多大程度上达成目标？ 你如何证明或反驳…… 我们如何知道这些证据是可靠的？ 对于……，有什么证据？ ……的重要性是什么？ 你的结论是什么？ 如果……会更好吗？ 你会做什么选择？ 谁可能不赞同你？为什么？ 存在哪些优缺点？ 与标准比较，这个结果怎么样？ 是否满足了需求？ 这有什么价值？

策略 49　使用中立语言

非性别歧视语言被称为性别中立或中立性语言。它公平地对待女性和男性。因为英语没有单数人称，在过去，他、他的和他（he、his 和 him）都用于人称表述。下文给出了一些中立性语言的使用建议，对人称代词和日常常用名词做了些简单改变。

人称代词：

1. 用复数形式改写。

如：他必须上交作业。	改为	学生应该上交作业。
律师会安排他自己的预约。	改为	律师们会安排自己的预约。

2. 消除性别指称。

如：他要记得锁车。	改为	车应该被锁好。
他必须在那天之前归还它。	改为	它必须在那天前被归还。

3. 转换女性和男性指称（谨慎）。

如：他做出贡献了吗？	改为	她做出贡献了吗？
他能做到吗？	改为	她能做到吗？
鼓励每个孩子尽她所能去参加。	改为	鼓励每个孩子尽他所能去参加。

名词：

学生可以继续搜索词汇，添加到列表中。

表 3.6　中立性语言表

避免使用	建议使用
演员（actress）	演员（actor）
商人（businessman）	商人（businessperson）
主席（chairman）	主席（chairperson）
（男女同校的）女生（coed）	学生（student）
清洁女工（cleaning lady）	管家，看门人（housekeeper，janitor）
众议员（congressman）	国会议员（member of congress, representative）
消防员（fireman）	消防员（firefighter）
建国先驱（founding fathers）	建国领袖（founding leaders）
家庭主妇（housewife）	操持家务者（homemaker）
邮递员（mailman）	邮政员，邮递员（postal worker, mail deliverer）
成年（manhood）	成年（adulthood）
人造的（manmade）	合成的，手工制作的（synthetic, handmade）
人力（manpower）	人员，职员（personnel, staff）
中间人（middleman）	中介，中间人（go-between, intermediary）
新闻记者（newsman）	记者（reporter）
警察（policeman）	警官（police officer）
修理工（repairman）	技术员，技工，电工（technician, mechanic, electrician）
推销员（salesman）	推销员（salesperson）
发言人（spokesman）	发言人（spokesperson）
运动员（sportsman）	运动员（athlete）
空姐（stewardess）	空乘（flight attendant）
门卫（watchman）	警卫（security guard）
工人（workman）	工人（worker）

策略 50　边听边想

男孩和女孩看待学习的角度不同，并且需求略有不同。许多女孩倾向于对话风格，分享彼此的想法，寻求共识。合作学习补充了这些内在优势，同时也利用了男孩对同伴学习的兴趣。边听边想特别有利于使用工作表，同时也能练习技巧。

1. 确定学生应该练习的合作技巧。技巧样本包括采取适当行为，坚持完成任务，释义或总结，使用有效的听力技巧或适当地对观点提出批评。

2. 将学生分为大概四人一组。你可以让学生从 1 到 4 报数，分别把对应四个数字的学生组成一组。

3. 向每个组提供工作表或作业。

4. 从作业中选择一个问题。通过边想边说，建立整个问题过程的思维模型，并让学生注意观察你。在你的思维过程、你的反应是否准确有效及为什么有效或无效等方面，让学生给出反馈。

5. 指导学生在组内平均分配问题，并提醒他们正在使用的合作技巧。

6. 每个学生轮流解决问题。小组成员同时鼓励和评价彼此的努力。

7. 所有小组成员都完成后，留给小组一些时间，确定每个人都理解了所有问题，并让他们思考合作技巧使用的有效性。

8. 如果需要，给学生一个相似问题的新任务单。让他们自己完成第二项任务，借此测量个人责任。

策略51　混搭

下面的合作学习活动有助于学生发展专业知识和相互教学。它可以搭配教师制作的信息卡，搭配所分配的章节，或者搭配所有章节或整本书。该混搭策略是基于阿伦森、斯蒂芬、赛克斯、布莱尼和斯纳普（Aronson，Stephan，Sikes，Blaney，and Snapp，1978）最早开发的拼图技巧。

1. 将材料分为四部分，分别标明1、2、3和4。

2. 将学生分为四人一组，给每组提供完整材料的四分之一。告诉学生，他们必须将自己拿到的材料教给其他同学。注意，这些组被称为主组。

3. 要教授其他小组，学生必须首先学会自己的内容，方式就是与掌握同样信息的同学合作。将报数为1的同学分为一组，报数为2的分为一组，以此类推（见图3.1）。

4. 专家组（报数相同学生所组成的小组）制定其掌握内容的教学策略。

5. 专家回到主组，依次教授内容。

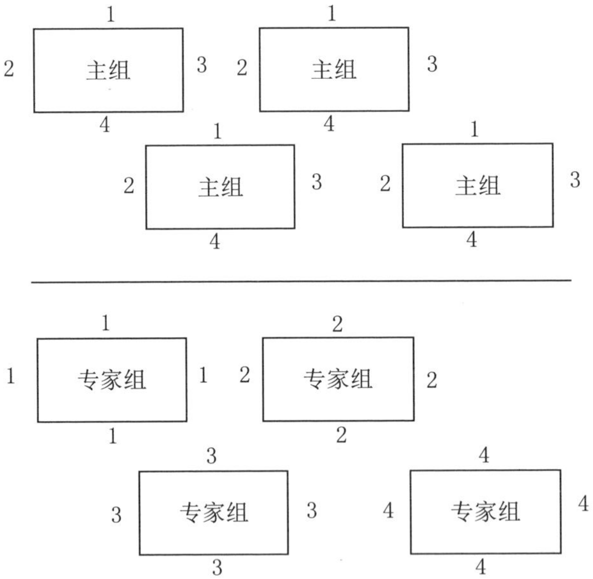

图3.1　主组和专家组

策略 52　玩游戏

许多学生喜欢课堂挑战和游戏。以下提供两个简单的游戏。第一个称为教学卡片标签，可用于能记录在教学卡片上的任何课堂内容，如数学、地理事实或拼写词汇。第二个游戏称为快速跟踪（本例是学习乘法），要求学生练习乘数，但也可以轻松替换为其他数字游戏。

教学卡片标签

步骤 1：将两张相同的教学卡片放在教室前面的两张桌子上。

步骤 2：将学生分为两组，面朝前方各成一列纵队。每组第一位学生距离放教学卡片的桌子约 10 英尺①。

步骤 3：发出信号，开始游戏。第一位学生走到桌子边，拿起第一张教学卡片，高举起来，向全班宣布答案，把教学卡片放在桌上，然后标记出本列的下一位同学。

步骤 4：如果学生都不知道答案或给出错误的答案，他们必须把教学卡片插入这摞卡片的底部，然后选择下一张卡。他们将继续选择卡片，直到他们得到正确的答案或直到抽完了四张卡片。

步骤 5：正确给出所有教学卡片答案的第一支队伍胜出。

快速跟踪（乘法）

这个竞争游戏是从简单的卡牌游戏改编而来的。要求教室里每两位玩家都有一副牌。在游戏开始之前，在牌面上写上 Ace=1，J=10，Q=11，K=12。步骤如下：

步骤 1：将学生两两一对分组并发一副扑克，让他们洗牌。

步骤 2：每对学生将牌平分，反扣在桌子上。

步骤 3：每对的两位学生同时翻过最上面一张牌，将两张牌相乘，喊出答案。答对的学生拿过别人的牌。如果是平局，就继续翻牌，直到赢光对方所有的牌。

最初的一堆牌都玩完了以后，每对学生清点一下战果。赢牌最多的学生获得一支铅笔、一分或一轮掌声。如果还得再来一局，可以互换同伴。

① 1 英尺≈ 30.48 厘米。——编者注

策略 53　顺序卡

许多学生，无论男女，都喜欢通过身体活动开展学习。使用顺序卡是添加触觉和动觉元素学习的一种简单方式。

顺序卡是一组 4 英寸[①]×6 英寸的便笺卡，包括一连串的词汇、数字、事件、步骤或其他顺序。一组卡片包括部分句子、数学公式中的数字和符号、按时间顺序的历史事件、按字母顺序的词汇或字母、一个过程的步骤（见图 3.2）。随机向学生发卡，要求所有获得卡片的学生站在教室前面，并以正确顺序排队。

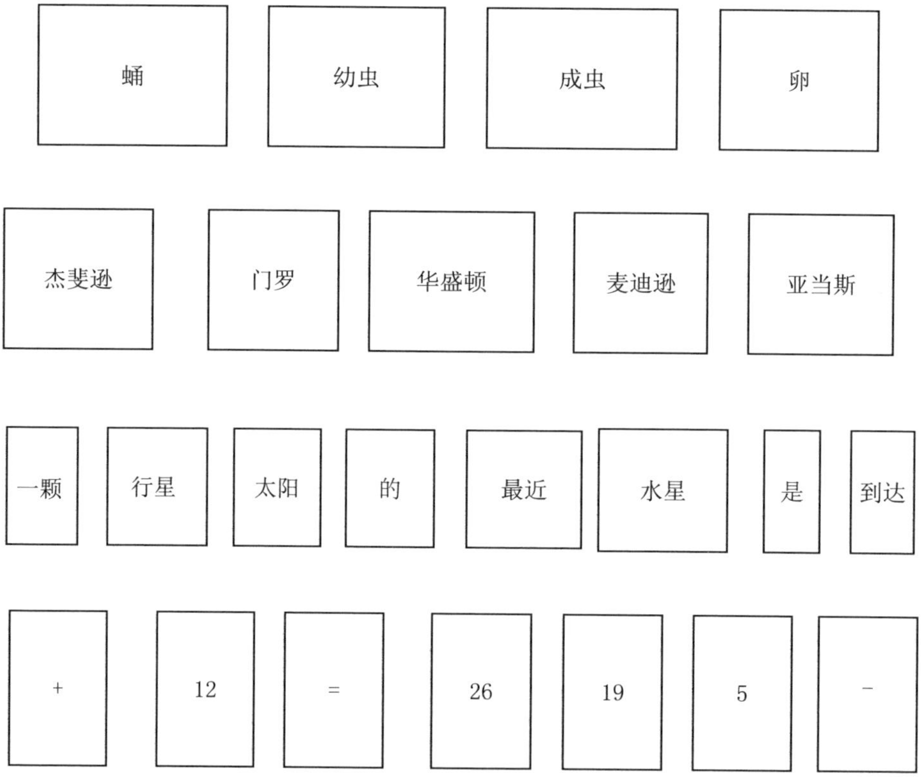

图 3.2　顺序卡集

① 1 英寸≈2.54 厘米。——编者注

策略 54　转盘回忆

这一策略让学生通过身体活动回忆事实或概念。所需的用品很少：纸板、标记笔、回形针和最近所学单元的信息。

在纸板上进行转盘回忆游戏：

1. 选择 8 到 12 个与所学主题有关的问题，如图 3.3 中的问题。

2. 做一个转盘。在转盘的各部分写出问题。一个回形针可以被当作一个很好的指针。

3. 在 4 到 5 个纸板上写出每个问题的答案，面朝上摆在教室各处。

4. 一个学生转动转盘并说出问题，而剩下的学生用手指或脚触碰带有正确答案的纸板。

5. 需要确定两个规则：学生不能碰任何其他人；他们必须非常安静地听这些问题。

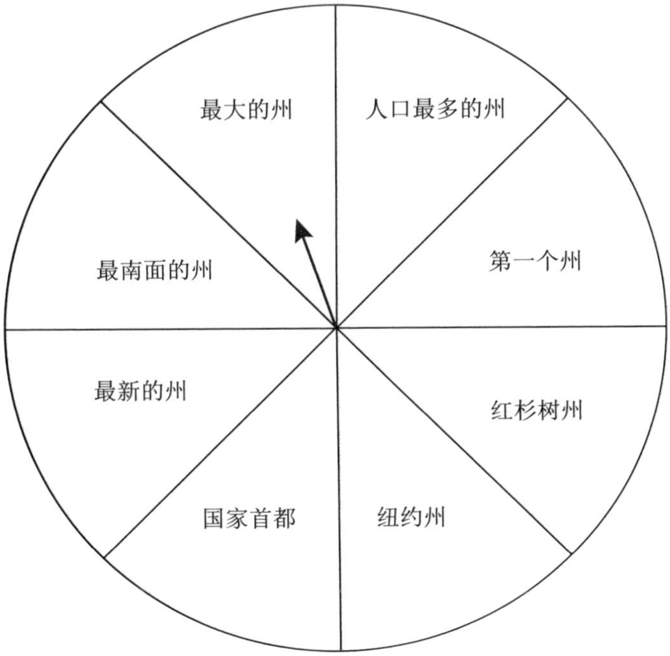

图 3.3　转盘回忆游戏

策略55　头带

学生（特别是男孩）喜欢这个游戏，因为他们可以在教室四处走动，去猜测其他同学的头带上写的词汇。同学们给出词汇或概念含义的关键特征、特点或特性。注意，其他可用的词汇构建策略是策略16、17、18和36。

1. 确定你想加强记忆的几个词汇或概念 。
2. 在白板上写三个引导性问题。示例问题是：
   它属于哪个类别？
   它的本质特征是什么？
   有什么例子呢？
3. 在2英寸 ×24英寸的纸条上写上一个词汇或概念，为整个班级制作足够的纸条，钉起来，做成头带。
4. 分发头带，要求学生戴上头带，但不能看到头带上的词汇，或者你给每位学生戴上头带。
5. 当所有的学生都戴上头带后，他们要站起来，在教室里来回走动，彼此提出三个问题，猜测词汇。如果空间有限，可以分小组进行。
6. 比如，头带上可以写上科学单元学过的“抗体”。所提出的问题可以是“对抗疾病的物质”“抗毒素”或者“身体的大型警卫力量”。
7. 给学生足够的时间，让大多数人可以猜出自己的词汇。然后让学生拿下头带，确定他们自己的猜测是否准确。

一个常用的好办法就是在问题最多的学生的头带上写上最难的词汇，因为其他同学将会给他提供许多线索。

策略 56　词汇工具包

读写能力差会妨碍学业成功，这是太多人都面临的一个问题！下面的词汇工具包可以教授学生词汇学习技巧，这正是那些阅读困难者急需的技巧。说明一下，前文中可用的词汇活动策略是策略 16、17、18、36 和 55。

当你看到你不知道的词汇时，请使用以下词汇工具：

1. 大声读出来。
2. 把词汇拆成音节。
3. 寻找你认得的较短词汇或词汇构成。
4. 继续阅读，看看有什么意义。
5. 用相关词汇来确定意义。
6. 想出另一个有意义的词汇。
7. 问你的同伴。
8. 使用词典。
9. 持续猜测。
10. 问老师。
11. 使用图片线索。
12. 使用第一个字母的发音，帮助你猜测。
13. 添加后缀。
14. 想想你以前是否看到过这个词，当时它是什么意思。

图 3.4　词汇工具包

策略 57 小块阅读

当学生阅读教科书时，他们同时遇到很多任务。他们发现新的词汇和信息、关键概念和支持细节，并同时处理这些任务，力图理解阅读内容。有了分出的小块阅读，就能控制阅读新内容的复杂性，尤其是对于那些阅读有困难并有时倾向于以大块方式来学习新内容的男生而言，更是如此。以下内容鼓励学生先学习少量内容，再学习更多内容。

步骤 1：让学生安静阅读 15 分钟。

步骤 2：将学生两两配对，留出 5 分钟来讨论阅读内容。有个好办法是让每对学生至少做 5 条笔记。

步骤 3：教师带领全班同学就主要观点和支持细节，进行 3 到 5 分钟讨论。

步骤 4：学生安静阅读 10 到 15 分钟。重复此过程。

可以修改该策略，加入可视内容。让学生阅读一小段课文，然后在阅读内容中标出视觉符号。学生可以分组合作，将他们的新知识转化为视觉表征。

策略 58　教男孩写作

感谢读写能力研究者，我们已经了解了如何提高男孩的写作技巧。下文总结了很多方法，能够挖掘男孩的优点，并培养其更好的读写能力。

1. 在男孩开始写作之前，鼓励他们以全班、小组或搭档形式进行简短讨论。这种方式能够挖掘其口语表达能力，使他们能通过谈话来学习。

2. 在写作之前，允许学生绘制或使用故事大纲组织思想。有时，鼓励他们在文字中加入图画或草图。

3. 向男孩明确说明希望他们写作的方向。例如，不采用“解释”的方式，而是要求男孩提供三个或更多的写作细节。

4. 不限制作品类型，让男孩自行选择写作内容，推动他们选择自己感兴趣的话题。

5. 将写作划分为不同阶段，在规划和草拟阶段都提出反馈。

6. 鼓励多样化的风格，如简洁、幽默和有逻辑思维的写作风格。

7. 提供及时、详细的反馈。无论大小，对他们的成功表示肯定，并分享给其他人。

8. 写作内容可以面向校内外不同读者。

9. 不要求重写所有的写作作业，只要求学生修改最好的几篇。

10. 找出男孩在校外会使用的写作类型，将其中一些带进课堂。

11. 让学生经常写作，并针对多种目标进行写作。

12. 使用一些更有吸引力的事物，比如带有批注、事实、卡通画、图画的笔记本或者课堂实验文本，来代替让学生写日记。

13. 不要将写作作业作为一种惩罚手段，避免造成负面联系。

14. 看看有没有一些男孩想组成非正式的写作小组。

策略 59 给“科技控”女孩的六个建议

即使女孩和男孩在学校和家中平等地使用计算机，他们高中毕业时的技术知识程度也是不同的。2006 年，报名高级计算机科学课程的学生中只有不到 15% 是女生（National Center for Educational Statistics，2007；National Center for Women and Information Technology，2007）。研究还表明，2000 到 2005 年间，女性获得计算机科学学位的人数实际下降了 70%（Cohen，2005；National Center for Women and Information Technology，2007）。这些趋势虽然令人失望，但绝非终论。美国国家女性与技术中心在调查了 100 项成功的 IT 教育项目后，给出了以下建议。这些建议可以提高女孩在科技方面的兴趣、记忆力和成就。

建议 1：将计算机作为创建、设计和交流的工具，而不是作为编程机器。提供开放式项目的机会，由女孩负责设计能够吸引其他女孩的游戏。

建议 2：将技术融入多种形式的课程，并使用与图形、写作和艺术等相关的各类软件。还可以在课堂开始或结束时，留几分钟让女孩“玩一玩”技术。

建议 3：在教室或电脑实验室，给女孩安排一些额外使用计算机的时间。这会鼓励女孩在支持性环境中相互学习和实验。

建议 4：邀请女孩组成一个委员会来解决学校技术不平等的问题，或者组织一个需要使用技术的社区服务项目。在这样的角色中，女孩可以成为专家，并会因其技术技能而获得积极反馈。

建议 5：展示职业机会。安排实地考察，在工程或技术公司学习一天，或者邀请一些可以作为女孩积极榜样的嘉宾来课堂里作演讲。

建议 6：与 IT 专业人士建立指导关系，比如通过短期电子辅导交流来实现。

策略 60　创建“男孩友好型”课堂

以下 10 种教学实践挖掘了许多男孩和女孩在教学中的学习优势。

表 3.7　10 大教学实践清单

清单
1. 让男孩坐在教室中央和前面。
2. 在教学中四处走动，并表现出很积极的状态。改变你的声音。
3. 以项目列表形式明确而直接地开展教学。
4. 在课堂讨论中，偶尔允许学生站着记笔记，甚至可以允许他们稍微玩会儿球。
5. 提供实践操作，包括使用电脑。
6. 将工作分成小块并限定完成时间。
7. 在课堂讨论或写作业之前，要求学生快速写下想法。
8. 分配的工作带有现实目的或受众。
9. 有时融合挑战、竞争和合作。
10. 在课程结束时留出一段时间进行回顾或反思。

策略 61　探索学校中的新角色

男女学生可以在学校寻求新的经历，从而避免对他们的个人发展造成不必要的限制。以下建议能够使学生超越固定化的角色和经历。此外，辅导已经显示出对学业具有持久的积极影响。

表 3.8　辅导建议

<table>
<tr><th colspan="2">辅导年龄较小的学生</th></tr>
<tr><td colspan="2">年龄较大的学生可以辅导年龄较小的学生。有时，由于学生间形成的有力支持群体，“身边的同伴”关系比成人榜样能激发学生更大的成就。</td></tr>
<tr><td>女孩的例子：
一旦女孩学会文字处理、图形编辑、互联网使用和多媒体制作，她们可以把这些教给年龄更小的学生。</td><td>男孩的例子：
擅长阅读和协作的年龄较大的男孩可以辅导在这些方面不太擅长的年龄较小的学生。</td></tr>
<tr><th colspan="2">增加课程参与</th></tr>
<tr><td colspan="2">可以鼓励男女学生以无性别的方式参与学校活动。有研究表明，简单地参与邀请，就能激励学生全程参与。</td></tr>
<tr><td>女孩的例子：
女孩可以参加核心科学三大课程：物理 、生物和化学，以及代数、几何、微积分、高等计算机科学、运动和非传统领域的课外活动。
女孩还受益于领导力培训和参与预修课程。</td><td>男孩的例子：
男孩可以参加的课程有学校治理、电脑项目、同伴调解、解决冲突①，以及艺术、领导力培训、报刊和新闻课，这些课程可以提高他们的阅读和写作能力。
在基础技能教学时，非羞辱性的分组方式对男孩有益。</td></tr>
<tr><th colspan="2">接受积极榜样的辅导</th></tr>
<tr><td colspan="2">建立榜样对于学习非常关键。学生从成人的语言中学得少，从成人的行为中学得多。对于所有学生而言，意识到女性能够处理数学和科学问题，而男性能够处理写作和护理问题，是非常重要的。</td></tr>
<tr><td>女孩的例子：
女孩可以了解女性工程师、机修工、计算机程序员及经济学家等非传统职业选择，并了解应对技能、健康生活方式和个人理财等方面的知识。</td><td>男孩的例子：
男孩可以了解好的工作和学习技能、健康、愤怒管理，以及写作、艺术和教育方面的职业选择的重要性。</td></tr>
</table>

① 同伴调解和解决冲突是国际基础教育阶段较为常见的冲突解决课程，主要借助学生调解员，协助学生通过沟通、协商等方式调解同伴矛盾，化解冲突。——译者注

策略 62　同伴支持网络

同伴支持网络是通过促进积极的关系，增强连接性和归属感，增加学生学业成就、记忆力，以及提高高中毕业率的结构化方法。这种网络可以是男女混合的，也可以是单一性别的，一般由教师或社区志愿者来组织。创建此类网络的步骤如下：

1. 确定监督同伴支持网络的教师或社区志愿者（网络领导者）。同时确定愿意参与该网络的一组学生。该组学生应每周碰面一次，一个月内每周给同伴打三次电话。

2. 在第一阶段，让学生在纸上列出他们自认为具有的学业和社交优点，并作为资源散发给其他网络成员。任何学生都可以随意给其他网络成员打电话，寻求帮助。

3. 在第一阶段，也让学生确定他们希望应对的学业和社交挑战。将这些挑战上交给网络领导者。

4. 在下次碰面之前，网络领导者要审查学生提交的挑战，并分配学生下个月的工作搭档。理想情况下，每个学生在未来一个月都应有一个可以发挥的优点和一个要面对的挑战。

5. 在第二阶段，网络领导者宣布分组名单，并设定计划。每组每周在上学前、放学后，或者午饭时，要碰面一次。学生必须在一个月内的每周给搭档打三次电话。

6. 搭档们要负责列出他们组需要承担的任务和社交工作。在电话沟通中，他们要排除问题，并确定是否正在取得积极进展。

7. 在每周的碰面中，网络成员们要讨论和完善其支持系统。

8. 到了月底，应对所有个人进展进行详细说明，确定正在进行努力的项目，以及获得所有与会者认可的贡献。大多数同伴支持网络在短期内的效果最好，所以，建议在一个月后即可正式关闭网络。

策略 63　8 年级、9 年级学生高中升学准备

针对男女学生从初中到高中的过渡，可以从现有研究的有效方法中选择下列策略。这些方法包括初中生升学之前的培训活动，以及塑造归属感和成功感的高中经历。现有研究表明，学生、家长和教师这三个群体，必须参与到这一过渡中，才能让该教育项目产生巨大的学业影响（Cooney & Bottoms，2002；Educational Research Services，2004）。教师需要逐一检查学生在初中或高中阶段已经做好了哪些方面的准备，还有哪些方面需要补充，这一过程可能是有趣的。

中学生入学前的定位策略

◆高中教职工和学生到初中做介绍。

◆初中学生访问或参观高中。

◆家长参加培训并访问高中，清楚地了解课程选择和学业选择。

◆家长会收到来自高中的信件和通知，了解他们的孩子可以在过渡过程中收获什么。

◆在高中举办开放日或游乐活动，向初中生介绍课外活动。

◆初中和高中教师组成跨年级小组，阐述高中课程，保证所有学生都能够对此有所了解，其要求也得到满足。

◆高中教师和高中生为初中生提供机会，让他们实地参与高中生活。

◆邀请初中生及其家长参加高中特别活动。

9 年级学生进入高中后

◆鼓励 9 年级学生在进入高中时参加一个或多个课外活动。

◆建立一个“好友”系统，在入学后第一个月，将 9 年级学生与高中生配对。

◆确保同辈指导和导师计划作为另一种学业和社交支持准备到位。

◆举办特别活动，欢迎新生。

◆告知父母学生的作业和成绩，要求他们参与特定活动。

策略 64　中学阶段准备高中学习成就

除了满足学生转校时的过渡需求外，初中需要为学生在高中的成功做好学业准备。因为许多 9 年级学生会面临学业困难，下文提供了关键的课程经历（Cooney & Bottoms，2002；Educational Research Services，2004）。

◆学生在初中阶段学习代数。

◆让 8 年级学生进行大量阅读。

◆初中生为上大学而制定课程计划。

◆学生与致力于学业的成人或同伴导师建立联系。

◆提供阅读指导。

◆在半日制学业课程或辅导中，为有困难的学生提供更多的帮助和充足的时间。

◆学校课程要让学生有机会通过学习经历为大学做好准备：与同伴或小组合作，体验融合学习，比如在其他课堂中使用数学技能；实践学习，比如实验室的科学实验。

策略65　性别平等的书签

1. 教师与学生讨论平等问题。要求他们进行批判性思考，寻找学校内外存在的性别偏见。

2. 在教室中，向学生展示各种男女角色的积极形象。

3. 根据需要，增加实现性别平等的课程资源。

4. 安排课堂座位，让男女混坐。教师要在教室中四处走动，并接触每位学生。

5. 若发现性别歧视语言，要予以替换。

6. 在多种活动中，教师应成为活动参与的榜样。比如，男教师可以谈谈缝纫或烹饪；女教师可以谈谈使用工具或者参与体育活动。

7. 注意哪些学生通常在讨论中首先作出回应，为什么。修正任何形式的性别偏见。

8. 向男女学生提出具有同样挑战性的问题。

9. 使用合作和竞争的学习技巧。

10. 改变教学策略。

11. 所邀请的课堂发言嘉宾，其技能要能够打破典型性别边界。

12. 鼓励学生考虑非传统课程和职业选择。

图3.5　性别平等的书签

关于性别平等的更多建议

Mead, S. (2006). *The evidence suggests otherwise: The truth about boys and girls*. Washington, DC: Education Sector.

在该报告中，任职于教育部门的萨拉·米德（Sara Mead）批评了目前关于男孩成就的公开辩论，并指出近年来女孩已经消除了很多之前存在的成就差距。她分析了长期以来的 NAEP 的趋势和影响，以及男女学生成就、愿望和教育成果等主题，并总结了关于性别差异原因的理论，还提供了政策和领导力视角的观点。

Neu, T. W., & Weinfeld, R. (2007). *Helping boys succeed in school: A practical guide for parents and teachers*. Waco, TX: Prufrock Press.

该书结合了现场测试的策略和案例研究，帮助家长和教师提高男孩的成就。诺伊（Neu）和魏因费尔德（Weinfeld）讨论了几个话题，包括：

- ◆引导男孩兴趣的策略。
- ◆如何让男孩积极参与课堂活动。
- ◆如何促进男孩在语言艺术方面的参与。
- ◆如何帮助男孩解决他们在学校遇到的独特的社交和情绪问题。

作者还提到了关于一些话题的讨论内容，比如辅导和吸引男孩进行阅读与写作等。

第 4 章 不同学生的教学

——解决课堂中的语言、课程、文化和能力差异

美国教育系统的多样性

美国的教育体系覆盖广泛且形式多样。2007 年美国教育部国家教育统计中心的报告称，2007—2008 学年，K-12 阶段共有 4960 万名学生就读公立学校。其中 K-8 有 3450 万人，K-9 至 K-12 有 1500 万人。这 4960 万学生分布在 1.5 万个地区，由 9.7 万所学校的 320 万教师负责教学。此外，2007—2008 学年，有 110 万学生接受家庭教育，610 万位学生就读于 2.8 万所私立中小学，88.7 万学生就读特许学校。

2007 年，美国对 9.7 万所公立学校进行了多元配置（U.S. Department of Education，2007）。配置后，学校类型主要有常规学校、非传统学校、特许学校、磁力学校、I 类学校、特殊教育和职业学校，类型多样。无论学校是大是小，传统或非传统，小学或中学，农村或城市学校，它们都遵循着《“不让一个孩子落后”法案》（U.S. Department of Education，2008）。该法案的目的是确保所有学生掌握知识、技能和信息，使学生在生活中为社区做出应有的贡献。这个目标虽然简明扼要，但要实现却不那么容易：教师需要努力适应学生不断增多给教学带来的诸多变数。这些变数包括学生语言种类的多样化、学生背景和家庭成长环境的独特性、学生学术能力和兴趣的差异等。那么美国基础教育阶段的学生群体多样化程度究竟如何？

美国 K-12 阶段学生的多样性

根据美国教育部（National Center for Educational Statistics，2008）、美国人口普查局（U.S. Census Bureau，2001）、美国国家英语语言交换中心（National Clearinghouse for English Language Acquisition，2002）和美国国家贫困儿童中心（National Center for Children in Poverty，2001）的分类，我们按照四个范畴对学生进行区分：种族、学业、社会经济、语言多样性。我们将在本章详细讨论这四个范畴。虽然这四个范畴浅显易懂，但是其实际所指却不明确。因此，下文将详细描述这四个范畴的定义，同时提供学校管理员和教师可能感兴趣的数据。

明确种族多样性

1977 年以来，美国联邦政府按照五个类别收集种族资料（U.S. Department of Education，1998）。这五个类别为美洲印第安人或阿拉斯加土著、亚裔或太平洋岛民、黑人、白人和拉丁裔。然而，自 20 世纪 70 年代末以来，美国人口越来越多，移民数量达到历史新高。跨种族婚姻有所增加，出现了诸如双种族、多种族、混合种族等新种族类别术语。2005 学年（有数据可查的最后一年），美国公立学校少数族裔学生占比 42%，黑人占 15.6%，拉丁裔占 19.7%，亚裔人口占 3.7%，太平洋岛民占 0.2%，美国或阿拉斯加土著占 0.7%，混合种族比例超过 2.5%。

界定残疾学生

残疾学生是指享受联邦“残疾人教育法”（IDEA）修正案（1997）（原为“所有残疾儿童教育法”，1975）中个性化教育计划（IEP）的群体。IDEA 详细描述了多种残疾分类，其中包括精神发育迟滞或发育迟缓，学习障碍，行为或情绪障碍，沟通障碍，听力、言语或语言障碍，视觉、身体和其他健康障碍，严重和多重残疾，自闭症和创伤性脑损伤（U.S. Department of Education，Office of Special Education and Rehabilitative Services，2007）。

从美国 1976 年以来的统计数据来看，接受特殊教育服务的残疾学生人数稳步增长。从1990年到2000年，有特殊需求的学生人数跃升了30%，比入学率和人口增长率都高（U.S. Department of Education，Office of Special Education and Rehabilitative Services，2000）。截至2007年，受益于更科学的分类及诊断手段，接受特殊教育服务的学生人数超过了67万人（National Center for Education Statistics，2007）。经诊断，残疾学生中，43%的学生有特定学习障碍。其他三种最常见的残疾形式包括语言障碍（22%）、精神发育迟滞（9%）和情绪障碍（7%）。

1998—1999学年，美国首次要求各州报告享受IDEA的学生的种族情况。报告显示，相对于总人口比例，特殊教育学生中，欧裔和亚裔学生占比偏低，非裔和印第安学生占比偏高，而拉丁裔学生占比居中。

界定贫困学生

美国贫困儿童中心（National Center for Children in Poverty，2007）报告称，相比其他年龄组，儿童更有可能生活在贫困之中。1979年以来，贫困儿童持续增多。2007年美国贫困线为年收入20 650美元（四口之家）。根据这一标准，美国当时约有17%的学龄儿童，即2860万人处于或接近贫困状态。一般来说，低收入家庭的标准是家庭收入有一半用于家庭基本花销。按照这一标准，美国39%的儿童生活在低收入家庭中（National Center for Children in Poverty，2007）。

据调查，6岁以下的儿童有42%生活在低收入家庭，青少年为33%。我们发现，儿童的年龄越小，遭受贫困的风险越大。美国有一半的州，幼儿贫困率高于20%。研究发现，幼儿时期的贫困经历与长期贫困对儿童危害最大（Testimony on the Economic and Societal Costs of Poverty，House Ways and Means Committee，January，2007）。7%的极端贫困儿童处境更加糟糕。1999年，极端贫困是指三口之家年收入低于6145美元的情况。研究表明，儿童在1—5岁经历极端贫困，比5岁以后经历极端贫困所受到的负面影响更大。

贫困儿童还包括无家可归者。1988年的《斯图尔特·B. 麦基尼无家可归者援助法案》（Stewart B. McKinney Homeless Assistance Act）（Legal Information Institute，Cornell University，n.d.）将无家可归者定义为缺乏固定、常规住房的个人。固定住宅指永久不变、可持续使用的住房，它能满足家庭成员的心理和身体需求。无家可归的学生主要有以下几类：因突发事件、离家出走等原因住在过渡性住所的学生；居住在废弃建筑或街头的学生；住在露营地或拖车公园的学生；等待相关机构进行永久安置的学生；被家人遗弃的学生。美国无家可归的成年人和儿童数量只有粗略的估计数字。美国教育部报告称，1998 年，K-12 阶段的学生中有 70 万人无家可归（National Center for Homeless Education，n.d.）。虽然无家可归者问题被认为是城市问题，但是约三分之一的无家可归者分布在农村（Vissing，1996）。正如预估的那样，无家可归的学生上课出勤率不高，这给教育带来了很多的挑战。

界定英语水平欠佳的学生

英语能力欠佳的（LEP）学生，也被称为语言少数民族学生或英语学习者（ELL）。他们成长的家庭最常使用的语言不是英语。相比其他学生，语言少数民族学生数量增长最快，他们的语言能力差异非常大（Ovando & Collier，1998；Ovando，Collier & Combs，2003）。语言少数民族学生包括其祖先在北美生活了几千年的土著少数民族学生，以及近年从各国移民到美国的学生。20% 的美国学生的第一语言不是英语（National Center for Education Statistics，2007）。

2001 年，《"不让一个孩子落后"法案》的第九卷从法律上界定了英语能力欠佳的学生。根据第九卷总则 A 部分定义第 9101（25）节，英语能力欠佳的学生是指：

> 学生的英语会话、阅读、写作或理解能力不足，不能达到国家英语水平考试要求；无法适应以英语为教学语言的课堂；或者无法充分参与社会活动。

因此，应区别对待这部分学生，并提供相应的预修服务，如双语课程或非母语英语课程（ESL）。两者区别为：双语课程使用学生的母语教学，同时设置英语课；非母语英语课程使用英语教学，并安排学生与其他英语能力欠佳的学生一起学习英语相关技能。在 2003—2004 学年，有 380 万学生接受了英语学习服务（占全部学生的 11%）（U.S. Department of Education，National Center for Education Statistics，2006）。美国教育部（2001b）报告称，非母语英语课程比双语课程更为常见。13% 的学校招收英语能力欠佳的学生，却没有安排任何语言培训课程。需要注意的是，英语能力欠佳的学生这一表述在文学和人口统计数据中使用最为广泛。有些人喜欢采用英语教学（ELT）这一表述，因为在学生英语水平合格之前，这一术语能避免指示不清（Ovando & Collier，1998）。

美国英语语言交换中心（2002）报告称，1990—2000 年，英语能力欠佳的学生从 200 万人增加到 400 多万人。截至 2000 年，这些学生中，约四分之三学生的母语为西班牙语；其他一些较大的母语群体为越南语、汉语、柬埔寨语、韩语、老挝语、纳瓦霍语、菲律宾语和俄语。人口预测表明，K–12 学生的语言多样性将继续增加。数据摘要详见表 4.1。

表 4.1　美国 K–12 阶段学生多样性（表中 K–12 学生总人数为 4700 万人）

类　别		K–12 学生人数（万人）	占 K–12 学生总人数百分比（%）
学生种族多样性	美洲印第安人和阿拉斯加土著	50	1
	亚洲及太平洋岛民	200	4
	拉丁裔	700	16
	黑人	800	17
	白人	2900	62
K–12 残疾学生		600	12
K–12 贫困学生		800	17
无家可归的 K–12 贫困学生		70	1
英语能力欠佳的 K–12 学生		400	8

学生多样性对课堂的影响

所有 K–12 阶段的学生都有权接受平等的教育，获得优质的知识。平等的教育可以通过重视学生差异的全纳课堂来实现。全纳课堂秉承一条基本理念：重视每一个学生群体。正如霍华德·加德纳（Howard Gardner，2003）所强调的，每个人的知识水平和认知能力水平各不相同。全纳课堂通过帮助学生提升技能和能力，解决学生差异问题，实现“防止社会分层”这一重要的教育和社会目标（Hallahan &

Kauffman，1994；Oakes，1985；Page，1991；Slavin，1987；Wheelock，1992）。

幸运的是，种类繁多的文献资料可以满足学生的各种需要，我们可以运用这些文献资料对学生进行有效指导。本章描述的教学实践均属于全纳课堂。同时，我们总结了一些针对不同学生均有效的教学方法，并对特定学生群体的教学技巧予以举例说明，例如英语能力欠佳的学生或有特殊需求的学生。实际上，大多数教学策略普遍适用于各类课堂。

主流课堂中有特殊需要的学生

经实践证明，教师的态度和品格对有特殊需要的学生取得成功有重要影响（Baum，Renzulli，& Hebert，1995；Coates，1989；Idol，Nevin，& Paolucci-Whitcomb，1994；Olson，Chalmers，& Hoover，1997）。经验丰富的教师教固定班级，会表现出更高的容忍度和灵活性，且更乐于反思。他们对所有学生的学业成就负责，并期望学生有良好表现。他们不懈追求卓越的教学技能，和学生相处也非常融洽（Haberman，1995）。

许多全纳教师不仅个性积极，教学技艺也十分精湛。他们采用的分层教学策略也被称为“能力分组”（Collicott，1991）或“多层次教学”（Johnson，1999）。同样，辅导也能提高有学习障碍或学习滞后的学生的成绩（Educational Research Service，2004；Erlbaum，Moody，Vaughn，Schumm & Hughes，1999；Gersten，Baker，Marks & Smith，1999；U.S. Department of Education，1997a）。有时候，反思有利于我们更好地理解所学内容。监测学习可以防止学生在后续学习中继续落后（Nelson-Le Gall，1985；Schumm，Vaughn & Sobol，1997）。

全纳教师重视学生的阅读技能，且要求学生达到较高的读写水平。例如，一项在城市多民族高中开设每日阅读课程的研究表明，参与该课程的学生的阅读成绩比其他学生高四倍（Allington，2001）。

课堂上，全纳教师也重视资优生的需求。由于美国联邦没有对资优生统一定义，所以资优生由州、地区、学校自行确定。虽然资优生在种族、语言、经济、社会阶层等方面各异，但都有以下特征：学习速度快，积极性高，记忆力强，发掘知识之间的联系及规律的能力突出，并善于将理论运用到实际中（Frasier & Passow，

1994; Subotnik & LeBlanc，2001）。因材施教的教学方法有利于好奇心强的资优生成长，后文将阐述在普通课堂中如何运用这些教学方法。

英语能力欠佳的学生应如何融入主流课堂

由于有能力教授语言少数民族学生的资深教师数量不足，因此，提高教育工作者专业能力，探索教师专业发展方向势在必行。幸运的是，近期研究已发现主流单语教师可以在教室中使用的有效方法。首先，通过纠正学生的英语使用习惯，提高学生的理解能力（Brice & Roseberry-McKibbin，1999; Gersten et al.，1999）。其次，监测学生的词汇量，重点教授课堂中最常用的学术用语。如第 1 章所述，学生要构建牢固的知识基础、提高学业成绩，就必须重视词汇的基础性作用（Marzano，2004，2005）。可以通过第 1 章中的策略 16、17 和 18 来教授关键概念，丰富英语学习者和其他学生的背景知识。

一项从 1982 年到 1996 年，长达 14 年的研究调查了关于 70 万名语言少数民族学生的记录，发现了提高学生学业成就的教学方法（Thomas & Collier，1997）。毫不奇怪的是，这些方法包括协作法、互动法、跨学科法和发现法。本书将在接下来的章节中通过一些例子来详述这些方法，第 2 章中对此也有相关记录。

另一类英语学习者未受过任何教育，他们需要被特别关注。这些学生在移民前没有机会上学，不具备母语读写能力。本章也将讨论满足这类学生需求的教学策略。

多元化学生的教学

近几年来，学校和教师成功解决了多元文化教育的诸多问题。在多元化社会，利用课堂让学生了解美国各个社会群体的经验、传统、历史及其当代的贡献，帮助学生做好进入社会前的准备，这一做法效果明显。此外，许多教育家和研究人员声称多元文化教育也能提高学生的学业成绩（Gay，2001; Revilla & Sweeney，1997; Webb，1990）。本章中，多元文化观点被引入数学和文学研究中。通过这些努力，不仅少数民族学生从中受益，大多数学生对美国生活的全貌的了解也越来越深入和广泛。

美国的语言多种多样。语言少数民族学生和非标准英语人士的数量都在增加。许多学生使用掺杂了方言的非标准英语，如黑人英语、阿巴拉契亚语英语、印度英语和夏威夷克里奥尔语等。各社会阶层使用非标准英语的情况也很普遍（Joos，1972；Payne，1995）。学校和教师可以教学生正式英语，同时肯定方言的重要性，并鼓励他们恰当地用两种语言交流。本章将在后文详述这个问题的解决策略。

贫困生的教学

虽然贫困生在学校时会有一些特殊需求，但贫困不一定等同于失败。幸运的是，对 I 类学校的研究（Diamond & Moore，1993；Revilla & Sweeney，1997）和哈伯曼（Haberman，1995，2004）关于贫困儿童“明星教师”的 30 年研究表明，教师性格和教学策略可以提高落后学生的学习表现。

有些贫困生经常转学。转学虽然会有一定的积极影响，例如可以重新开始社交或接触新的课程，但是频繁转学往往会产生不利的后果。学生频繁转学将更易出现青少年暴力等不当行为，失败的风险也更大（Educational Research Service，2001）。转学也会拖累学校的教学步伐、降低教师士气、加重行政负担，对学校产生不利影响。虽然学生转学不会突然减少，但学校和教师可以采取措施降低部分不良影响（Arroyo，Rhoad，& Drew，1999；Educational Research Service，2001）。

多元课堂教学反思

相较其他教育现象，K-12 学生的多样性是职业发展的最大催化剂（Johnson，2006）。虽然美国教师以白人、女性和中产阶级为主，尤其是在小学，但学生所代表的社会群体背景，如语言、种族、文化和社会经济情况等，却各不相同。多元课堂鼓励反思教师和学生的信仰。我们可以思考如下问题：对不同群体，我的假设是什么？为什么我会有这样的观念？这些观念是如何影响我对学生和教学的态度的？我需要和不需要了解什么？本章将介绍一些具体方法，帮助教师更有效地组织课堂教学。

策略 66　分层教学

分层教学是一种教学技巧。在教授技能或概念时，分层教学能克服学生学习水平参差不齐、学习资料各异等困难。它提供了多种学习方式，能够锻炼水平各异的学生，帮助学生学习更高层次的思维技能，取得明显的进步（Richards，2005）。分层教学也称为能力分组、支架式教学或分组教学，分层教学的模式很多，但是教育界尚未就通用模型或公式形成共识。

尽管如此，精心设计的分层课程让学生有机会学习与其能力相当的知识和技能。因为分层课程针对学生不同的学习需求，把学生应学的课程内容按照复杂性分层，而非学生预期应完成的学习量。我们以两位学生的数学课为例。学生 A 学习基本概念和数学推理非常吃力，往往需要额外的辅导才能理解课程内容。学生 B 能轻松理解 A 所学的内容，他的学习进度甚至超过了所在年级的其他同学，但他也需要接受相应的数学挑战。显然，在这样的课堂上使用单一的方法是行不通的，因为学生的知识水平各不相同。如果使用单一方法，就无法辅导学生 A 未理解的知识点，也无法为学生 B 提供足够的挑战。课程的基本原则或标准可能相同，但是学生 A 和 B 能用不同的方法，克服各自的困难，最终达标。在分层教学中，学生 A 和 B 都应有机会在课堂上学习知识，都应该在学习中得到支持，并得到适当的练习与挑战。

分层教学中没有固定的层次：三层是最常见的，也有两层、四层或更多层的。通常，三层教学模式第一层为未达标学生，第二层为达标生，第三层为资优生。通常，课堂上的学生不会恰好分为三类，所以教师在规划课程时需要根据实际情况调整层次数。

下面列出了四种分层教学模式，每种模式都可以适应教师的课堂需要。

1. 能力分层模式

这是最传统的模式，该模式将课堂分为三层或三级：

◆第一层——运用各种方法学习基本事实、技能、词汇、技术等。

◆第二层——应用第一层所学知识和技能。

◆第三层——批判性思维、知识和技能在实际生活中的应用。

2. 讲、导、练模式

三层支架式学习：

◆直接指导——为学生讲解新的技能或概念（讲）。

◆导师指导——学生在教师指导下练习（导）。

◆个性化学习——学生独立学习以扩展知识（练）。

3. 布卢姆模式

本模式基于本杰明·布卢姆（Benjamin Bloom）的高阶思维技能分类理论：

◆第一层——学习基础技能、概念较困难的学生所属层级。

◆第二层——大多数学生进行理解和分析活动的层级。

◆第三层——具有高阶思维技能（如逻辑综合或评估）的学生所属层级。

4. 合同或分组模式

基于只有掌握了所学知识的学生才能升入更高层级的理念：

◆第一层——所有学生都参加基础教学活动。

◆第二层——掌握第一层的学生继续学习。

◆第三层——掌握第二层的学生进一步深入学习。

"残疾人教育法" 近期重新授权描述干预反应（RTI）（U.S. Department of Education, 2007），提出了三层教学模式。干预反应分层模式是开放式的，可以涵盖上文提及的所有教学模型。这个概念也可以作为思考干预反应的框架。沃恩等人（Vaughn and Wanzek，2007）对此做了解释：

> 经过相应调整后，三层模式可以运用到所有研究项目和分组练习中。例如，课堂上可以采用各种类型的干预模式，如全班、小组、搭档和一对一干预。教师可以根据需要，按同班级、同年级或跨年级将学生分组。任何能增强研究项

目效果的分组都是恰当的。根据学生的需求和对干预措施的反应，三层模式的干预措施运用时长有所不同。

无论是哪种模式，分层教学都能够帮助学业水平各异的学生，使其能够学习与其知识水平相当的课程（见图 4.1）。课堂上，学生的知识深度各异，班级复杂性程度不同，但分层教学课程可以克服这些问题。

由于教师事务繁多，时间有限，单个教师、某年级或学科教研组、校外专门研习班的教师都可以负责分层教学。我们无法重新设计所有的课程，需要分层时可以参考改编自柯立克的著作的信息，指导课程开发（Collicott，1991）。

◆根据州立标准或地区课程指南，规划要教授的具体知识或技能。

◆确定学生知识和技能的预评估方式。

◆确定讲解课程内容的教学策略。根据教学经验、教科书要求或同事的建议等，运用策略有效整合目标知识、技能的具体内容。

◆从对内容理解程度最低的学生到知识掌握得最好的学生，设想学生知识、能力范围。他们原有知识的深度与广度如何？技能复杂程度如何？根据这些情况，思考如何使用教学策略满足学生的需求。

◆明确课堂活动的调整方法，使之适合各类学生。两个活动可能就够了，但是根据学生的年龄跨度，可能需要三个甚至更多的活动。调整内容包括：不同的材料、分组、词汇、讲解速度或课程切入点。

◆将学生分组，根据每个学生或班级分组情况改进课程内容。课程内容应满足每个学生的需求，且应给予学生适当的挑战。

◆确定有效、恰当的评估手段。因为学生知识水平不同，所以应让学生在相应水平内展示学习成果及进步情况。

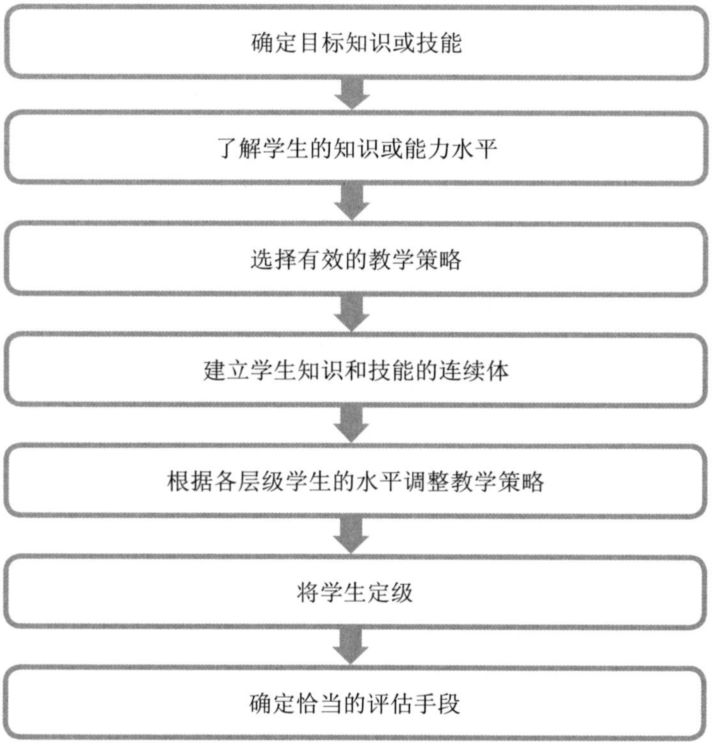

图 4.1　分层课程

来源：改编自 J. Collicott（1991）。

策略 67　逐步拼写

逐步拼写策略鼓励水平各异的学生积极参与课堂、反馈学习情况。因此，该策略对于各类学生都很合适。学生个性化词汇列表有三个来源：教师布置的词汇；学生学习过程中确定的词汇；与学生日常生活、职业兴趣相关的词汇。他们还建立了解决自身拼写问题的策略。以下内容改编自约翰逊的作品（Johnson，1999）。

1. 创建包含约 10—20 个词汇的词汇表并分发给学生。

2. 要求学生从感兴趣的各个学科领域中选 5 个或以上的词汇，添加到词汇表中。教师可以协助学生编辑词汇表。

3. 要求学生从日常生活、职业兴趣中选 5 个或以上的词汇，添加到词汇表中。学生应提交个性化词汇表给教师，该词汇表包含 5 个学科相关词汇、5 个职业词汇或每日拼读词汇。

4. 词汇表编译好后，组建异构组。一个异构组包括三到四位学生：一位拼写能力强的学生，一位拼写能力弱的学生和一到两位拼写能力一般的学生。

5. 让小组成员开展头脑风暴，找到拼写词汇的有效方法，鼓励每个学生至少贡献一个点子。小组可采用创意方法帮助记忆，如拼写词汇时，可以运用颜色、形状、大小和声音等联想手段；或运用抽认卡、游戏等记忆技巧。讨论结束后，各小组选择一位成员来负责编制小组拼写技巧表。

6. 各小组向全班同学展示一到两种技巧。小组分享完毕后，编制一份班级拼写技巧表，然后将表分发给所有学生。

7. 发放班级拼写技巧表后，教师应挑选并演示部分技巧，并让学生在班上讨论与练习。

8. 要求学生使用拼写技巧学习词汇。学生可独立运用技巧学习，也可以向教师或同学寻求帮助。

9. 预留部分课堂时间给学生学习词汇。有些学生喜欢独立学习，有些喜欢与搭档或小组合作。教师应根据学生需要提供马克笔、记事卡及其他物品。

10. 教师应帮助学生厘清学习过程，协助学生评估自己的进步情况。在这种课堂上，学生会积极参与到各类活动中来。例如：学生两人一组进行拼写游戏并反馈学习情况；学生两人一组口头拼写词汇；用指定词汇造句。

11. 课后，让学生讨论最有效的学习策略，生成“五个或十个最佳学习策略”。

12. 以书面或口头方式点评学生在拼写技巧方面的进步情况。

策略 68　全纳课堂中评估学生理解情况的方法

教师们都知道，课堂上有些学生会出现概念混淆、走神等情况。研究表明，学生懂得越少，他们就越不愿意让别人知道自己不懂（Nelson-Le Gall，1985）。教师应注意学生是否理解课堂任务、讲座知识或家庭作业，多加检查。本策略中提供了几种监测技巧，适用于高度多样化的学生群体。

内容型和步骤型问题

内容型和步骤型问题都可以帮助学生巩固问题相关的知识。内容型问题会问："答案是什么？" 步骤型问题则问："你是如何得到答案的？"

在教室内走动

研究表明，教师适当在教室内走动，可以监督学生学习。这种非正式观察使教师有机会判断学生对知识的理解情况，并根据需要迅速进行干预。

在练习前确保学生理解所有内容

在课程开始时，确保学生理解概念和教师的讲解，避免出现混淆概念等错误。教师要求学生复述讲解内容，总结任务步骤，或者以追问形式来帮助学生澄清问题。

经常检查学生的理解情况

经常让学生总结任务的要点。这样可以让教师了解学生是否走神、是否需要重新讲解。

鼓励学生提问

建立课堂提问规范。鼓励学生不断追问，教师应特别注意那些想提问但又害羞的学生。教师在讲解或练习复杂概念时应提醒学生：该知识点有一定难度，提问或向他人寻求帮助有利于更好地理解所学内容。

使用反馈表

上课前分发准备好的反馈表。反馈表里可使用以下句子："……对我来说很容易""我学到了……""我不明白的是……""我很困惑……""我想复习一下……"上课时，学生可以用反馈表记录自己的学习情况，并在课程结束时交给教师。

进行实操测试

在正式测试前进行实操测试，检查学生学习情况。实操测试应该简短，可以是开卷考或闭卷考，学生可以以单独、结对或小组形式进行。学生可以利用实操测试检查学到的内容，并确定哪些知识需要加强学习，及时反馈给教师。

策略 69　基础阅读教学

小学教师对培养学生阅读能力负有巨大的责任。部分学生可以毫不费力地学会阅读，而另外一些学生则需要明确和集中的指导。研究人员已找到不少帮助学生克服阅读障碍的方法。本书将其中一些方法梳理为下文的 10 条建议清单。利用这份清单，1—3 年级的教师可以确保所有学生取得应有的识字成绩。对照清单检查自己的课堂策略，并用星号标记清单中想运用到课堂中的措施。

在阅读课上，我一直坚持：

1. 教授书写、发音和拼读技巧，并让学生模拟练习（Pressley et al.，2001；Snow et al.，1998）。

2. 教高频或同形异音词（Snow et al.，1998）。

3. 鼓励学生经常练习书写（Snow et al.，1998）。

4. 肯定学生的创意性拼写，并通过集中指导、练习等方法引导学生正确拼读（Snow et al.，1998）。

5. 为丰富阅读环境，应提供两类教学材料：①学生可以自己轻松阅读的材料；②在教师指导下，学生能学习阅读的材料（Snow et al.，1998）。

6. 鼓励开始独立阅读的学生探索不熟悉的词汇，确认词汇含义，而不单靠上下文推断模糊词义（Snow et al.，1998）。

7. 在一个小时的阅读课内，教授两种以上的阅读技巧。合理设计课程，使学生的读写时间大大多于课程准备、理解材料的时间（Pressley et al.，2001）。

8. 教授阅读理解策略，例如总结主要思想、预测事件及结果、创造图示、绘制推导图、检查连贯性和误解情况（Pressley et al.，2001；Snow et al.，1998）。

9. 告诉学生做计划、打草稿和修改都是写作过程的一部分（Pressley et al.，2001）。

10. 在家长或他人（如图书馆馆员）的帮助下，通过每日的家庭作业、暑期培训活动等形式在校外练习读写技能（Snow et al.，1998）。

策略 70　中级阅读教学

一些学生在小学阶段阅读能力较好，但之后阅读能力提高较慢。因此，为学生持续提供阅读能力指导非常重要。为帮助阅读水平中等偏下的学生，本策略引用了阿灵顿（Allington，2001）和美国教育部国家扫盲研究所（U.S. Department of Education's National Institute for Literacy，2000）的研究内容。下面列出了几种授课方法。

1. 为阅读水平偏低的学生提供四类指导：①提供符合阅读水平和兴趣的图书；②阅读专家、相关资源或发展中心长期指导；③额外提供课堂阅读指导（见策略 71）；④协调学校和家庭阅读活动。

2. 增加阅读指导时间。增加一堂由专业教师任教的每日阅读课，或提供课前或课后阅读课程。

3. 经常评估学生的阅读能力。应特别注意学生的理解能力和整体把握能力。出现问题时，给予相应的指导或帮助。

4. 注重增加学生的词汇量。教师点评学生的发言能让学生受益匪浅。通过回顾自己的发言内容，学生将能记住正确的拼写和标点符号。为了帮助学生拓展词汇量，有些教师会根据学生年龄选编出适合学生学习的词汇表。每个学生都有一盒索引卡，他们会不断添加新词汇进行学习。然后，学生运用这些词汇进行叙述和描述性写作。

5. 精选阅读和理解技巧模板，并将其张贴在布告栏或墙壁上。

6. 创造不同的阅读机会。让学生结对或组成小组合作阅读。第一遍略读，要求学生大声朗读全文，并寻找问题答案；第二遍要求学生大声朗读标准答案。

7. 将不同类型的阅读材料分发给学生，如故事、报告、信件、报纸和网站信息。

策略 71　随堂阅读教学

教师在随堂阅读课程中为学生提供指导，是系统提高学生阅读能力的重要方法之一。随堂阅读教学时，教师不必改变课堂的主题，重点教授阅读。相反，可以将阅读指导整合到日常教学中。这样，学生既能学习本年级的知识，也能在教师指导下，避免阅读理解过程中可能存在的困惑和挫折感。以下是随堂阅读教学的几点建议。

1. 将新知识的教学分为三个阶段。第一个阶段激活学生的背景知识，第二个阶段构建新知识，第三个阶段鼓励学生应用新知识。

2. 模拟、讨论教师自己的阅读过程，使学生对阅读过程形成清晰明确的认识。教师可以告诉学生：阅读一到两页课文后，我会停下来用自己的话总结出这一到两页的主要内容。

3. 为学生设立明确的阅读目标。

4. 了解学生对文章主题的熟悉程度，并让学生将已知知识应用到课文阅读过程中。

5. 解释关键词及重要短语，要求学生在阅读时找出这些词和短语。

6. 第一步，让学生独自阅读，并选出他们认为的段落中最重要的 5 个或 10 个词汇。第二步，让学生结对讨论，然后列出排名最靠前的 5 个或 10 个重点词。第三步，让所有学生一起阅读课文，标出重点概念，并让学生结对修改自己的重点词列表。

7. 讲解课文的相关功能，如标题、图表和图片这类可以预测课文内容的功能。让学生练习预测课文内容并检测其准确性。

8. 要求学生写日记，记录相关定义，钻研重点概念。

9. 预留时间反思阅读内容。要求学生通过各种方式总结文章主旨，如制作图表、概述或梳理文章脉络。

10. 鼓励学生阅读感兴趣的课外书籍，如数学类的体育统计学，或科学类的科幻小说。

策略 72　青少年阅读教学

许多中学教师非常关心一个问题：有些青少年虽然不是文盲，但是阅读能力很弱。根据 2004 年美国教育进步评估（NAEP）数据（U.S. Department of Education, National Center for Educational Statistics, n.d.），约四分之一的 8 年级学生和五分之一的 12 年级学生的阅读能力低于基础水平。这意味着他们不能理解文章主旨、推论，或将所读内容与个人生活相关联。一些中学为提高学生阅读成绩，采用了“阅读学徒制”（Association for Supervision and Curriculum Development，2000；Educational Research Service，2001）。下文列举了一些活动。

阅读学徒制

教师作为“阅读大师”，与“阅读学徒”一起分析阅读过程，讲授阅读非文学类课文的方法。

1. 阅读各类文章时，让学生利用元认知技能辨别理解和不理解的部分。

2. 教师和学生一起专注完成阅读任务，此时可采用交互教学法。交互教学法包括预测、澄清、质疑和总结。例如，为了澄清所读内容，学生可重读文章部分章节或者以小组形式进行讨论。然后进一步阅读文章，或者联系现实生活思考阅读内容，看看文章大意是否更清晰了。

3. 摘选 10 个或更多类型的文本给学生练习。文本类型可包括职位申请表、税务表、杂志问答、学术文章、电脑组装说明书或商业写作模板。要求学生对每个文本进行分类，确定其用途，并说一说对每个文本的理解。最后，指出哪种阅读技巧可以更好地帮助他们理解有难度的文本。

4. 每周进行两次默读，阅读材料由学生自选。该阅读任务可以在学校完成，也可以在阅读俱乐部或家里完成。学生应每周写一篇读书笔记，并保证每月 200 页的阅读量，且每月需要交一份阅读进步报告。

策略 73 导师辅导阅读

可以由志愿者和非专业人士担任导师辅导学生阅读。导师精心设计的辅导计划可以显著提高学生的成绩（Educational Research Service，2008；U.S. Department of Education，1997a）。有研究表明，不论是同伴辅导、跨龄辅导还是成人辅导，都可以提高弱势群体、轻度残疾学生和英语学习者的阅读成绩。想通过有效的辅导措施提高学生阅读成绩，教师或学校可以借鉴以下模式。

将辅导内容与课堂阅读教学联系起来

当教师将阅读教学与练习相结合时，学生会表现得更出色。辅导内容应与课堂阅读教学保持一致。结构科学的辅导应包含重读课文、分析词汇和练习写作三部分，这有利于提高学生的阅读能力。

为导师提供持续培训

在辅导过程中，接受培训和反馈的导师与未经培训的导师相比，辅导效果更好。导师培训的主要内容有：与学生建立积极人际关系的技巧，强化正确答案和纠正错误的策略，构建辅导课程的方法以及建立读写步骤的方法。阅读专家可以提供这类培训和监督。

提供高频辅导课程

成功的辅导课应包含以下要点：导师和学生固定搭配；每次辅导时长为十到三十分钟；每周辅导三次。相比每周辅导两次或更少，这种辅导频率效果更显著。

导师来源多元

研究表明，各行各业的人均可成为一个好导师。同伴或跨龄导师都可以提高被辅导者的阅读能力。即使是普通中学里英语能力有限的学生也能够成功地辅导存在学习困难的小学生，同时还能提高自己的学习技能。大学生、专业人员、退休人员、志愿者和家长都可以成为好导师，为学生提供有效的指导和监督。

针对存在严重阅读障碍的学生设计干预措施

经过严格阅读训练的志愿者或资源教师能指导存在严重阅读障碍的学生。在这种情况下，取得合格证书的阅读专家可以评估儿童的阅读能力和需求，制订课程计划，观察导师，并向他们提供反馈。想提高阅读能力弱的学生的阅读、学习能力，可以采用以下策略：分享对书面材料、印刷语言和文字系统的赏析；教授字母；提高学生的语音技巧和音素意识；教授语音、拼写和词汇技能；进行流畅性和反思性阅读。

持续评估学生

经常评估学生的阅读能力，这样的辅导才能满足学生的个性化需求。

策略 74　网络：通过网站满足多元学习者的需求

具备可靠教育效果的网站越来越多。许多网站来源可靠，其教学内容也符合美国国家课程目标，为各类学生提供了练习和其他补充内容。

但是，学生上网之前，请确认教学楼有进网许可，家长或监护人已经书面准许学生使用互联网。

策略 75　帮助资优生参与课堂

资优生通常比同龄人学得更快，渴望探索更深入、复杂的内容。下文提供了 10 个技巧，帮助资优生更进一步。

1. 全班开展头脑风暴，列出“学生在完成课堂任务后可以做的事情”，并张贴在教室里。在完成课堂任务后，鼓励学生从列表中选择并完成一两个活动。

2. 鼓励提前完成学习任务的学生阅读其他补充材料，帮助其他同学，或者去图书馆独立学习。让独立阅读的学生写阅读日志，并提交给教师审阅。阅读日志的格式如表 4.2 所示。

3. 给学生预留时间，让学生在教室或图书馆里完成项目并进行讨论。

4. 征得教师们同意后，让学生旁听其他教师的课，丰富学习内容。

5. 允许资优生以更快的速度完成作业，加快其课堂学习速度。

6. 有时，练习题对部分学生来说太简单了。虽然没有足够的练习，但是这些学生已经掌握了所学知识，因此可以让他们学习新的内容。

7. 要求学生用多维视角思考问题，如参考时事或历史事件，从而深化知识库、扩大知识面。

8. 为资优生安排一位高年级学生或成人导师，监督其学习自选内容。

9. 不定期集中资优生合作完成一些学习任务。

10. 定义内涵丰富的抽象概念，如权力、冲突或美丽。然后，要求学生通过主题思考和拓展学习维度，最后达到拓展常规课程知识的目标。

表 4.2　阅读日志

日期	书名及作者	页码：____页至____页	思考：我想象 / 预测 / 怀疑 / 认为 / 记得 / 好奇……

策略 76　帮助新生

对于学生、家长以及教师来说，转学到新学校都是一次充满压力的经历。学校可以根据下文示例，制定程序，欢迎、吸引新生，改善新生转学过渡时期的不良情绪。该范例改编自“教育研究服务”（Educational Research Service，2001）（除“新生入学前”部分的第 6 条）。

新生入学前

1. 定向分发包含学校和教师信息的简介、学生手册、学校新闻、年鉴、课外信息和重要联系电话的资料包。

2. 建立新生俱乐部，新生与辅导员或其他人每周见面一次。

3. 进行简短的基本技能评估，给予学生最佳的安排。

4. 提供核心阅读或作业资料包，帮助新生适应课堂。

5. 创建引荐程序。

6. 为新生及其家属举办开放参观日。在一项研究中，几乎所有的学生都表示，在正式上课前与学校工作人员会谈很有帮助（Jalongo，1994）。

7. 招募老生迎新。

8. 制作学校和班级规程简表。

适应阶段

1. 告知学生需要遵守的课堂纪律。

2. 在课堂上采取合作学习的形式，培养积极的同伴互动。

3. 根据需要进行个性化教学，在课前、课后或午餐期间提供辅导或强化练习。

4. 满足学生的生理和社会心理需求，为其提供所需资源。

5. 表扬学生的优点，并鼓励学生取得更好的成绩。

6. 鼓励学生设定目标并有一定的主见，表扬学生取得的成就。

7. 邀请家长或监护人来学校参观，介绍课堂和相关活动。

8. 为新生提供单独的选修课，以弥补错过的学分。

9. 树立学习榜样，建立学生档案，记录新生的学业进步。

10. 教师或老生邀请新生参加学校的课外活动。

策略77 满足文盲英语学习者的需要

在学校里，移民或难民学生越来越多。因为其国家遭受战争或自然灾害，有些学生无法正常上学。因此，一些英语学习者可能是文盲，需要专业的指导。以下10项关于提高文盲学生成绩的建议，改编自美国西北地区教育实验室的资料（Northwest Regional Educational Laboratory，2008）。

1. 为了提高文化意识和敏感度，教师应该了解班上学生的价值观、传统和习俗。方式包括阅读、互联网搜索、上课、参与移民社区活动以及与特定群体成员谈话。然后，使用学生熟悉的文化例子或话题，将学生的家庭文化知识融入教学中。

2. 了解学生的移民经历，并在课堂中适当使用这些背景信息。

3. 鼓励家长或其他人用母语和学生一起阅读。无论使用哪种语言阅读而掌握的文本结构、修辞手法、视觉感知技能和认知过程的知识，都会转移到另一种语言上。

4. 用母语和英文提供一对一的读写教学。研究表明，学生先用第一语言学习读写时，会取得最佳的长期学习效果（Ovando & Collier，1998）。同样，两种语言的阅读技能可以同时提高，而且不会产生负面影响。教师助理、学生代表和志愿者可以提供个性化的辅导课程。为年龄较大的学生提供个性化关注有助于缩小成就差距，防止这些学生辍学。

5. 建立积极有力的环境，鼓励所有学生参与课堂对话。同时，要注意英语学习者可能会经历沉默期，因为在新环境中他们要培养新的信心和语言技能。

6. 努力学习一些学生母语中的词汇，以便更好地与他们沟通。如果可以，学习一些关键词或短语，将其融合到关键概念或技能的教学中。

7. 可以通过以下方式提高学生理解英语的能力：选择学生熟悉的话题、为将要学习的知识创建语境（参见第1章中的活动）、使用简单的句子结构、重复重要的短语、匹配口头语言与肢体语言等。

8. 在学校非母语英语课程教师的帮助下，提供针对认知和学术发展、口语能力、阅读和写作实践的课程。

9. 鼓励学校开展或推荐学生参与课外课程。课程可以包括对学生的背景来说较敏感的咨询服务，满足学生及其家属生理需要的健康建议，用其母语与家长沟通，还可以提供课外的和职业的指导课程，帮助学生在学校和社会中取得成功。

10. 研发新移民课程，帮助移民学生及其家属参与到学校及课程中来。

策略 78　有效地运用英语与英语学习者进行交流

在完全由讲英语的学生构成的课堂上，有着一些普遍的学校教育规范，如提问题、讲座、口头指导和反馈。然而，班上有英语学习者时，需要重新考虑这些做法。教师可以将一些简单技巧融入日常教学中，提高语言少数族裔学生的理解能力。

教学前

◆在分配任务之前，给学生讲解基本的指令和词汇。

◆每节课中重点讲解 5 到 10 个核心词汇。

◆让文化和语言相似的学生坐在一起，使他们获得同伴支持。

◆如果可能，将指令翻译成学生的母语，写在卡片上，作为他们的练习参考。

◆如果可能，使用带有图像的英文标签提示作业步骤。

给予作业指导

◆慢慢说话，经常停顿。

◆避免使用长句子。

◆使用卡纸或投影仪来阐明口头指令。

◆不使用习语，因为并不是所有的学生都会理解诸如“我们得逮着她去参加”这样的表达。

◆讲话时强调关键词，例如“拿上你的纸和铅笔。翻到课本第 54 页。我们要讲解第 54 页的第 1 到第 5 题”。

做作业期间

◆利用小组活动来减少孤立，增加学生的参与度。

◆使用第 2 章所述的多模式教学方式。

◆使用直观教具。

◆先让一个或多个学生示范练习。

◆尽可能多地将内容与学生的背景文化知识联系起来。例如，教师可以比较各地的食物、气候、服装、假期或工作。

◆提问后多给学生一点思考时间。

◆每次只问一个问题。

◆避免可能在某种文化中被视为不妥的手势，如指指点点。

作业结束时

◆要求对所学知识进行简短的口头或书面总结。

◆征求关于作业的意见。

◆让学生展示所完成的内容。

◆确定学生是否达到了教学目标。如果没有达标，给学生进行辅导或额外练习，或寻求学校或地区非母语英语课程专家的帮助。

策略 79 几何合作

资源的策略性使用、简洁的语言、同伴学习和制图都能有效地为学生引出几何概念。首先，让学生结对或分组，为每个组提供教科书、百科全书或其他能处理下列常见几何图形的材料。将表 4.3A 进行相应修改后，分发给学生。

表 4.3A 几何形状

词汇	文字定义	图画	课堂范例
直线			
射线			
点			
圆			
度数			
直径			
半径			
弧形			

这张表可以添加其他几何图形词汇。另外，该图还适用于查找体积、周长和圆周的公式（见表 4.3B）。

表 4.3B 几何图形

词汇	这是什么？	看起来像什么？	你是怎么找到它的？
立方体			
圆柱体			
锥体			
长方体			
三棱柱			

策略 80　合作笔记

学生的课堂笔记能揭示他们在课堂上学到的和没学到的东西。对于一些学生来说，记笔记会让人分心，导致注意力混乱，最终在准备考试时毫无帮助。但是，记笔记技能可以在合作练习中得到改善。

要求学生做课堂笔记。给低年级（3、4、5 年级）讲课时，讲解时间应该简短（6 分钟以内），知识结构应清晰。然后，将学生分成小的合作小组，让小组在规定时间内讨论所授课程，并确定课程重点、重点例子或支撑细节。讨论后，让学生在笔记中添加讨论所得的新信息。接下来，向小组提问，让他们给出统一的答案。之后，鼓励学生利用合作笔记学习、复习、准备考试或完成其他课堂作业（Schumm，Vaughn，& Sobol，1997）。

构建笔记类课程的一个好方法是确定几个要点，然后在白板上列出其概要或用项目符号标列出要点。这些要点就是学生记笔记的框架。许多教师让学生将一张普通的白纸折成八折，做成八页的小册子。除封面外，每一页都写着一个项目符号，学生在每页的标题下面添加自己的笔记或插图。图 4.2 给出了一个简单的例子。

细胞课	1. 基本细胞结构	2. 细胞种类	3. 细胞器
4. 细胞膜	5. 扩散	6. 渗透	7. 细胞分裂

图 4.2　细胞课的七个要点

策略 81　在多元文化课堂上教授标准英语

许多学生讲的方言不同于标准英语。在课堂上学习语言时，应鼓励非标准英语学生保留他们家庭、社区和同龄人的语言。教师可以教授具有文化敏感性的标准英语，并确保学生能熟练使用两种语言。表 4.4 展示了对不同语言的认识，并要求学生识别和对比两种语言系统的特征。

表 4.4　各种各样的语言

	社区	学校
发音		
语法差异		
词汇和术语		
情景或事件		

策略 82　教授特困生的明星教师

哈伯曼（Haberman，1995）界定了在教授“后进生”方面成果突出的模范教师所具有的核心行为。在他 30 年的研究中，哈伯曼声称，有了校级教育系统的支持，学校改革才能持续下去。哈伯曼描述了能帮助学生成功的“明星教师”的特点（Haberman，1995）：

1. 明星教师是热心的问题解决者。他们试图让每个学生参与学习——有天赋的、被忽视的、学业上受到挑战的或学业需求未得到满足的。

2. 明星教师能超越传统教科书，通过浏览当前学校、社区和全球事件，用这些话题来捕捉学生的兴趣。他们塑造了一种有感染力的、对学习的爱。

3. 明星教师会使用主动学习策略，解释他们在做什么以及为什么这么做。他们会总体概括，也会巩固关键概念，并将其与日常课程联系起来。

4. 明星教师会主动承担责任，不会将学业成绩不良归结于学生本身、学校或社会的缺陷。

5. 明星教师会与学生建立密切关系、帮助学生。这不是为了满足他们的需求或偏好，而是以对学生有意义的方式来沟通学习。

6. 明星教师会优先考虑哪些需求是必要的、哪些是次要的。他们擅长文案编辑及保存，参加重要会议（放弃其他不重要的会议等），并学习如何在课外为学生争取权益。

7. 明星教师如果知道自己犯了错，会主动承认错误并予以纠正，以防再犯。

8. 明星教师对自己所做的事情充满热情，倾注全力。这种品质可以防止教学倦怠，使他们全身心投入到日常教学中。

9. 明星教师有很强的组织和管理能力。这在他们采用复杂的教学方法时会有明显体现，比如基于项目的学习，以及想办法将课堂与现实世界的经验联系起来。

10. 明星教师相信成功源于努力而不是天赋或机会，并将这种信念传达给学生。

11. 明星教师能区分给学生“指出方向”和“提供指导”的差别。他们认为教学是教师与学生的互动，而不仅仅是教师给出解释，并期望学生自己遵循指令进行学习。他们认为，学生和教师站在同一阵线，出发点都是为了学习，并不是彼此对立的。

12. 明星教师认为学生是教学团体的重要组成部分，没有他们，这个团体就不完整。这些教师不会使用强制手段，他们尊重学生，为学生建立避风港，创造包容的课堂氛围。

策略 83　发展批判性思维，消除偏见

学生可以通过发展批判性思维能力来消除偏见。学生推理错误就会产生偏见，比如过度概括、未遵循逻辑结论思考。科顿（Cotton，1993）在其促进跨文化和谐的研究中建议学生练习以下思维技巧，克服偏见和刻板印象。

求知欲

寻求各种疑问和难题的答案。通过了解人物、事件、原因、时间和地点来思考事件的原因和解释。

客观性

依靠证据和有效论据作决定。

开放性思维

认为众多观点和信念可以同时成立。

灵活性

愿意改变观点。避免僵化和教条化的态度。

适当的怀疑

在取得充分的证据前，勇于抵制假设。

理性诚实

当证据确凿时，接受某一说法是正确的，即使它与自己的已有信念相冲突。

系统化

遵循一个思路来形成逻辑结论。当遇到不相关的事情时，要保持正确的方向。

坚持

寻找证据和论据来支持观点。

果断

当证据充分时，果断得出结论。

尊重其他观点

倾听并尊重他人的观点，勇于承认自己的错误，肯定别人正确的观点。

策略 84　多元数学

数学常常以经验和客观的方式呈现，缺乏文化内容。作为逻辑、可验证过程的集合，数学是一种通用语言。然而，通过对文化和社会制度的观察，很明显，我们可以用不同的数学方式来感知世界。下面是一些将多元文化融入数学教学的建议。

1. 澄清数学词汇的演变。需要考虑的一些例子包括阿拉伯语起源的“代数”，巴比伦概念中产生小时和分钟的六进制数字，以及印度的“零”概念。

2. 考虑不同的分类方法。例如，克里和奥吉布瓦部落根据功能对植物和动物进行分类，不同于基于结构区分动植物的西方体系。

3. 使用各种计数和测量工具。例如，通过算盘训练，可以帮助学生将概念转移到纸笔计算上。有一种常见的测量方法，即伸开拇指和中指，以两指间最大距离为标准进行测量。学生可以通过这种测量方式学习估算，然后将其转换为英语和度量形式。

4. 通过制作其他国家的食谱和计算其他国家的货币，可以强化分数、比率和面积的概念。

5. 可以在各种文化的艺术品和建筑中研究图案和对称性。

6. 各国地图可以用来教授距离和面积知识，而日历则显示了计量时间的不同方法。

7. 邀请演讲嘉宾到课堂上分享他们在日常生活中是如何使用数学的。例如，美国西南部一个 6 年级班级邀请了学生的亲属和社区成员介绍测量、计算和分数在建筑行业中的应用。

8.《世界儿童年鉴》（*The World Almanac for Kids*）可以作为学习百分比、统计数据和绘图的优秀资源（World Almanac，2008）。

9. 学生和演讲嘉宾可以利用多元文化游戏，互相教授如何使用数学概念。

策略85 多元文学

课堂上可以使用多元文学作品来达成几个重要的目标：提高少数族裔学生的成绩，提高学生文化意识，为所有学生提供丰富资源。许多多元文学作品通过比较自身与他人的异同来界定身份，处理人与人之间的关系。发展身份认同是青春期的首要任务，因此，下文是按主题分类的针对青少年的文学建议，并通过身份认同帮助青少年（Brown & Stephens，1998）。

连接过去与现在

安妮·弗兰克（Anne Frank）的《一个年轻女孩的日记》（*The Diary of a Young Girl*）可以用来启发移民学生（或者其他所有学生）写回忆录。讨论和写作可以解决逃避困难、缺乏教育等问题，帮助他们克服障碍，使他们内心和平与稳定。

旅行

将选定的书籍分配给小组的学生，让他们思考：不同的文学角色有什么样的经历，角色是如何描述旅行的？推荐书目：加里·保尔森（Gary Paulsen）的《狗之歌》（*Dogsong*），讲述的是一个阿拉斯加男孩的成长之路；弗兰·利帕（Fran Leeper）的《麻雀之旅》（*Journey of the Sparrows*）讲述了一家人被迫逃离萨尔瓦多的故事；田淑子（Yoshiko Uchida）的《托帕斯之旅》（*Journey to Topaz*），是关于在第二次世界大战期间发生的故事。

克服障碍

毅力、努力和积极的态度通常是生活中成功的必要因素。遇到困难时，学生可以阅读以下书籍激励自己：艾莉西亚·阿普尔曼-尤尔曼（Alicia Appleman-Jurman）所写的《艾莉西亚：我的故事》（*Alicia: My story*），描述了在二战的大屠杀中死里逃生的故事；罗宾·布兰卡托（Robin Brancato）的《获胜》（*Winning*）描述了一位足球明星在足球比赛中受伤瘫痪后发生的故事；康斯坦斯·库里（Constance Curry）写的《银权》（*Silver Rights*）讲述了南方一所白人学校废除种族隔离制度的故事；海伦·凯勒（Helen Keller）的《我的生活》（*The Story of My Life*）描述了失聪、失明的主人公勇敢生活，照亮世界的故事。

书写人生

卡洛琳·迈耶（Carolyn Meyer）写的《格兰德河的故事》（*Rio Grande Stories*）展示了学生和教师如何成功地写作一本书并得以出版。在新墨西哥州，一个由多元化学生组成的 7 年级班级研究了自己的文化，描述了他们的祖先沿格兰德河生存的方式。此书的特色在于它的内容是由班上各个族裔的学生执笔的，包括美国原住民、拉丁裔和非洲裔美国人、盎格鲁人和犹太人。让学生向他人介绍自己的文化，这是一种令人印象深刻的方式。

关于因材施教的更多建议

Adams, C. M., & Pierce, R. L. (2006). *Differentiating instruction: A practical guide to tiered lessons in the elementary grades*. Waco, TX: Prufrock Press.

分化是重要的教育课题。正如亚当斯和皮尔斯（Adams & Pierce，2006）所言："面对多样化的学生群体时，世界上众多学校系统都采用了包容模式。在全纳课堂中，至关重要的是'任课教师'拥有必要的教学工具。"该书的前半部分描述了该书的模型基础，并提供了分层课程示例、模板和资源。后半部分提供了个人课程和迷你单元的例子。

Banks, J., & Banks, C.(Eds.). (2006). *Multicultural education: Issues and perspectives* (6th ed.). New York: John Wiley.

这一多元文化教育领域的经典巨著介绍了教育工作者在种族、阶级、性别、语言和宗教多样性等问题以及其他特殊情况中的作用，讨论了这些变量对学生学习的影响。专家们定义了术语，发起研究，讨论了这个领域的争议。该书主题包括多元文化教育的演变和特征、学校和课程改革、色盲的课堂局限性以及多样性等多个方面，还重点描述了成功教育背景各异的学生的课堂实践案例。想要在多元文化教育方面打下宽广基础，这本书是必读的。

Haberman, M. (2004). *Star teachers: The ideology and best practice of effective teachers of diverse children and youth in poverty*. Houston, TX: Haberman Educational Foundation.

通过数十年研究那些有效开展贫困儿童教育的教育者，哈伯曼详细描述了他定义的"明星教师"的品质和行为。内容包括：贫困教育与良好教学的对比；"明星教师"类型学开发的研究基础；"明星教师"的信仰；以及可以（或不可以）在访谈中进行评估的"明星教师"的功能。

Ovando，C.，Collier，V.，& Combs，M. C. (2003). *Bilingual and ESL classrooms: Teaching in multicultural contexts*. Boston: McGraw-Hill.

大多数教师很少或根本没有参加给英语学习者授课的培训。所以对于个人或图书馆来说，此书都值得收藏。作者简要描述了双语教育的历史，解决了这一领域的众多争议，并为教师提供了对少数族裔学生教学所需的教学指导。此书范围广泛，包含了学生的人口统计数据，语言政策和课程，非母语英语课程和主流教师的有效课堂实践，文化在学习、教学、各类学科评估、学校和社区协作方面的作用。

第 5 章　评估学生表现

在过去二十年中，多项选择题、匹配题和是非题的局限性促使教育工作者另辟蹊径，考虑其他的评估方法。在全国各地的教室里，教师使用日志、报告、档案记录、论文和量规来评估学生的学习。与以往任何时候相比，评估现在更多被认为是教学过程的一部分，而不是单元教学的结束。教学与评估之间界限的消失反映了一种较为广泛的教育转型。学生不再被视为信息的被动接收者，而是学习的积极参与者，且经常要展示自己的已有知识。

与教育的其他方面一样，评估非常复杂，争议巨大。本章并不聚焦于关于标准化测试的争议，而是认为从众多来源收集的数据可用于改善学习和教学。事实上，最近的研究表明，新的评估程序和评估数据的应用对学生学习有积极的影响（Black & Wiliam，1998；DuFour，2000；Educational Research Service，2001；Massell，2000；Marzano，2006；Schmoker，2001；Stiggins，1994；U.S. Department of Education，1997b；Wormelli，2006）。

例如，教师通过分析学生个人和小组的考试成绩，可以确定学生已经掌握了哪些技能，以及哪些地方还需要予以额外注意。这种认识可以用来支持那些可能落后的学生，也能帮助那些对内容已经彻底掌握的学生更上一层楼。同样，也有教师报告说，课堂表现评估往往导致有意义的教学改变，并提高学生的学习动机和成就（Black & Wiliam，1998；Marzano，2006；Stiggins，1994，2000；U.S. Department of Education，1997b；Wiggins，2000；Wiggins & McTighe，1998）。有人还声称，学业表现评估能够更公平地评估少数族裔和语言少数派学生的表现（North Central Regional Educational Laboratory，1997）。

在评估研究文献中，术语、目的和过程等还没有完全达成一致。本章通过定义概念、澄清评估目的和描述 16 条策略，建立了一个共同的参照框架。本书中的“评估”

并不只限于明确学生成绩，而是一个持续的反思过程，涉及收集、综合和解释有关学生学习和教师教学的信息。同样重要的是，课堂评估有如下几个关键目的：

◆收集有关学生背景知识的资料。

◆监督学习。

◆在学习期间和之后给予学生反馈。

◆促进成长。

◆认识成就。

◆评估成就。

◆告知家长和社区关于学生的学习情况。

◆改善教学。

◆修改程序。

由于所有目的不一定相互兼容，明确评估目的很有必要。强调单个目的，如终结评估，可能不一定会改善教学。任何单个评估都不太可能完美展示出所有目标的效果，重要的是将评估目的与适当的任务相匹配。一般来说，有效的课堂实践需要整合三种类型的评估：诊断性评估、形成性评估和终结性评估。这些类型和其他相关术语定义如下。

定义评估术语

评估领域对术语的含义有着巨大分歧。既然没有被普遍接受的定义，后期定义就往往从前期其他资源中提炼而来。正如本章基于这些定义展开，当教师在学校里讨论评估时，确定术语的定义非常重要。

替代评估（Alternative assessment）。这个概念含义广泛，包含了所有类型的评估，需要学生针对问题进行回答，而不是对预先准备的答题列表，如多项选择题、是非题或匹配题作出反应。替代评估范例包括简答题、论文、学业表现、口头报告和档案记录。

评估（Assessment）。评估是量化、描述、收集数据或向他人反馈关于学习者知道什么和可以做什么的过程。评估结果确定了可以改进的教学实践，为学生提供了各种资源。有许多方法可以获取学生的学习信息，指导决策和行动，比如观察、访谈、测试、表演和档案记录。

真实评估（Authentic assessment）。真实评估是以类似现实生活的方式收集证据或记录学生学习的过程，如驾驶考试、演讲或解决社区问题。

诊断性评估（Diagnostic assessment）。诊断性评估通常发生在学习单元或术语的开始阶段。它涉及对原有知识的识别，这里可以使用第 1 章中的策略，了解学生的困难、优势和兴趣所在，并作出明智的决定，有针对性地进行教学。

评价（Evaluation）。评价是对反应、产品或表现的质量与价值进行解释和判断的过程。这种判断通常基于既定的标准。

形成性评估（Formative assessment）。形成性评估在教与学的过程中经常发生。它向教师提供有关教学效果的持续诊断信息，并向学生介绍其学习状况。形成性评估发生在教师和学生反思学习、反馈、练习以提高技能、设定目标并对教学和学习进行调整的过程中。

学业表现评估（Performance assessment）。学业表现评估与是非题和多选择任务形成鲜明对比，它要求学生形成反馈、创建作品或完成示范，以提供他们所知道和可以做的事情的证据。

档案记录（Portfolio）。档案记录有目的地收集产品和标准，从而展示出随着时间推移，学生知识和技能的成长。

报告（Reporting）。包括有关学生学习信息的分享，通常由评估性判断组成。

量规（Rubric）。量规是用于指导和评估学生作品的一套评分标准。量规为学业表现提供了描述性的级别，如专家、能手或新手。

终结性评估（Summative assessment）。终结性评估通常发生在章节、单元、课程结束之时，向学生、家长和高等教育机构提供有关学生进步和成绩的反馈意见。终结性评估通常形成一份学生熟练程度的状态报告，并根据既定标准进行判断。其他人经常将其作为决策基础。

教学评估的现有研究

当评估成为教学循环的一个自然、综合的部分时，最能发挥其价值。正如本篇简短的文献回顾所显示的，精心设计的评估可以让学生扩充知识，提高技能，同时为教师和学生发展新的角色定位。作为对标准化教育改革运动的回应，教育部门正在设法精简标准的内容要求。

由于标准化测试存在高风险，教师通常按照教学计划进行评估。事实上，许多教育研究人员提出，教师的计划是逆向的（Downs & Strand，2006；Hibbard & Yakimowski，1997；Wiggins & McTighe，1998）。要做到这一点，教师首先应确定要达到的结果，再确定结果达到的证据形式，之后再计划课堂学习。在此之前，教师可以基于学生的需求分析来建构个人的教学思路。这需要通过正式或非正式的评估形式来确定学生的原有知识水平（Bransford，Brown，& Cocking，1999），本书第 1 章对此作了论述。有研究建议，在教学开始之前，教师应该先诊断学生对知识和技能的掌握程度，详细说明他们想要实现的学习结果，设计出有吸引力的教学方法，并以有意义的方式来评估学习是否发生。

在对教师提出的很多理想性要求中，有不少涉及课堂学习的评估决策和方法。有效评估与目标密切相关，要随着时间的推移收集学生数据，有时会超过 K-12 的学年时长。它由教师进行设计，运用丰富多样的方法，从包括积极的学生参与在内的一系列技能和能力中抽样（Marzano，2003，2006；Organization for Economic Cooperation and Development，2005；U.S. Department of Education，1997）。许多研究也强调了形成性评估在塑造教学和学习中的作用（Black & Wiliam，1998；Daily，2007；Marzano，2003，2006；Wiggins & McTighe，1998）。

学业绩效评估的影响

最近的研究表明，学业绩效评估特别有效。它已被证明在课程开发、教学、教师角色和学生角色四个关键方面能够积极改变课堂，具体如下。

使用档案袋作为评估工具，已经对课堂课程内容产生了积极影响。在某些情况下，档案袋对教学内容的影响是通过促进内容的深度而不是广度来体现的（U.S.

Department of Education，1997；Wininger & Norman，2005）。学生可以通过学习关键概念而受益，并放弃在许多文本中明显存在的过于频繁的调查方法。

评估量规，这是另一个表现评估措施，可以清楚地传达学生学了什么和学得如何。在开始工作之前就开发和解释这些量规，能够提高学生的期望意识，为其判断自己和同龄人的工作提供参考。量规的另外一个好处是，在了解这些量规后，学生对成绩的抱怨就会减少（U.S. Department of Education，1997）。教师也会因这一方式受益。评分量表有助于教师轻松地发现哪些学生没有掌握内容或技能。对成就目标掌握得越多，教师就越能够帮助学生实现期望。例如，当教师意识到学生需要增加学习时间和获得更多的数学帮助时，这些学生的不及格率就会下降（Feldman & Tung，2001）。

减少对教科书作业和考试的依赖，也会改善教学质量。当教师分配基于学业表现的任务时，任务评估通常要求学生展现写作、应用学科内容知识和解决问题的能力（Harlan，2003；U.S. Department of Education，1997）。让学生在课程教学中更多地写作，可以提高学生的写作能力。同样，执行任务也会促进分析思维能力的提高。这是因为学生必须积极地搜索、组织以及给他人传播信息，并在此过程中，运用各种各样的思维和语言技能。

形成性评估的类型用得越多，学习成就提升就会越明显。布莱克和威廉姆（Black & Wiliam，1998）及马扎诺（Marzano，2006）的后续研究发现，在 250 项研究案例的总结中，经常以简单的建议或反馈的形式给出的形成性评估，能使所有能力水平的学生受益，而打分并不能改善学习。马扎诺（Marzano，2003）指出，在整个课堂或学年内，反馈应该做到及时且频繁。

学业绩效评估带来的另一个教学改革是增加学生之间的合作（Feldman & Tung，2001；Seidel，1991；U.S. Department of Education，1997）。报告、展览或实验通常由学生小组进行。此外，由于学生了解学习目标，可以进行自我评估或为同伴提供建议，因此量规的使用，增加了同伴评估的机会。

教师角色也随着绩效考核而变化。教师更多地反思个人实践（Feldman & Tung，2001；Harlan，2003），更多地与同事进行合作。当教师寻找同事，讨论绩效评估的细节，并分析跨越等级、级别或主题的学生档案时，教师角色就会发生变化。而且，美国教育部（1997）发现，通过努力组织多种形式的绩效考核，教师的创造力也得以提高。

课堂评估，特别是学业绩效评估，可以在学生学习方面发挥重要作用（Black & Wiliam，1998；OECD，2005；Ulmer，2001；U.S. Department of Education，1997）。在面对学业表现任务和学习档案袋分配时，比起基于教科书的传统任务，学生的学习动机通常更强烈。教师和学生都将这种参与归因于完成这种作业中必需的持续关注和努力。同样地，在基于项目的评估中，学生们已经表现出良好的探索和展示能力。

许多教师要求学生参与建立评估标准，并进行自我评估。学生学习将受益于这一积极参与（Pike，1995；Seidel，1991）。此外，当学生参与自我评估时，他们有机会反思学习的质量。他们对确定自己学习什么以及如何学习负责，并对自己所掌握的内容知识的深度进行分析。自我评估，无论是通过日志还是档案袋，都有助于学生内化学术目标，认真思考，成为独立学习者（Davison & Pearce，1992）。

除了确定学生的学业成就外，评估考核也可以指向课堂上的非学术的无形的内容（Lee，Harrison，& Black，2004；Nelson，2000）。这些往往与学生行为有关，包括学生的日常出勤、积极开展社交的能力和控制冲动的能力。

通常，教师会注意到学生的变化，但很少测量这种变化。根据尼尔森（Nelson，2000）的观点，教师可以很容易地记录五类非学术行为：出勤；课堂参与，例如提出适当的问题，开展小组任务，学习迁移；任务行为所展示出的专注能力；社交技能；课堂行为。如本章后文所示，记录这五个方面，可以向学生、家长和同事提供有用的信息。这些领域是人际和自身成长的指标，可以指明学业发展机遇。

在课堂中使用绩效评估

上述简要的研究回顾表明，评估可以从诊断学生技能转向反思学习，继而转向深化学习，甚至包括尊重学习中无形的内容。当教师了解学生的原有知识，明确学习目标以及学习组织方式并使用多元评估措施时，或当学生积极自我评估时，就会出现这种转变。本章中的 16 种策略试图打破传统的学习与评估之间的界限，并培养积极的学习和反思能力。

下文涉及评估的许多方面，包括制订评估计划、确定评估标准和采用标准化测试技术——这几乎是每个学生都要面对的现实。我们始终需要强调形成性评估过程，教师将会在本章中找到学习记录样本、轶事记录、观察指南、口头课堂评估、访谈等内容。最后，同样重要的是，学生要学会自我评估。只要学生有引导和改变自身的努力方向的能力，就可以和教师一起实现教育的主要目标——掌握如何学习和如何改善学习。

策略 86　不同以往：评估规划

要想开始改进评估，就需要有意识地介绍教师如何教和为何这样教，并关注学生是否从教学中学会学习。开始一个新的学习单元时，需要回答一些指导性问题，从而确保学习是完全有效的。

教学前

◆为什么我将这些内容纳入我的教学内容？

◆学生在本单元结束时需要掌握什么？

◆教学内容如何支持课程目标、州立标准或其他目标？

◆学生们对这些材料的了解情况如何？我是如何明确这一点的？

◆如何清楚地展示我设置的学习目标？

◆如何让学生了解需要完成的学习目标？

◆有什么证据表明学生已经完成了学习？

◆我打算用什么教学策略？

◆我可能需要如何调整自己或教学团体？

教学中

◆我可以给学生什么建议？

◆学生可以互相提供什么样的反馈？

◆谁遇到阻碍了？我如何帮助他？

◆我该如何让学生反思和完善自己的想法？

◆学生如何相互支持以达到学习目标？

教学后

◆学生的整体表现如何?

◆他们对具体目标的表现如何?

◆不同小组学生的表现如何，比如那些经常搬家的或使用小语种语言的学生?

◆他们的表现为什么是在这个层次?

◆如何改善他们的表现?

◆如何让学生自主反思学习?

◆需要怎样的补救措施?针对谁展开?

策略 87　以终为始

规划教学就像是安排一场旅行。首先确定目的地、行程和行车路线，并查明沿途的停靠点。当然，有趣的和计划外的绕行可能也会发生，但人们通常会按期到达目的地，并知道自己该如何到达那里。逆向教学设计首先要确定预期学习成果，其次是明确可接受的证据，最后才是分享学习经验，对师生实际的活动作出预先安排。表 5.1 中的问题是对规划过程的引导问题。

表 5.1　规划工作表

学生应该知道什么重要概念或总体观点？
（例如：主要概念、理论或原理，类似文献是如何分析个人认同的，或者人文学科反映和引导文化的能力） __________ __________ __________
哪些证据可以说明学生确实获得理解？
（例如：项目、论文、测验、演示、观察和学生自我评估） __________ __________ __________
学生如何了解他们的学习目标？
（例如：量规、已完成的样本和分级标准） __________ __________ __________
什么教学经验将帮助学生掌握所要学习的内容？
（例如：教学或学习活动的顺序） __________ __________ __________

续表

在教学中如何衡量进度？
（例如：非正式观察、教师和学生的反馈、讨论）
如何展示学生的学习？
（例如：表演和产品）
学生如何自评？
（例如：汇报、将个人成果与标准量规进行对照、日志条目）

来源：改编自 G. wiggins & I. McTighe（1996）。

策略 88　盘点：学生自我评估

学生在低年级时就可以开始学习进行自我评估。自我评估可帮助学生内化学习目标，确定自己的工作优势和弱点，并管理好个人学习。这些过程可以从早期成绩开始。

表 5.2A 是一个初级量规的例子。对于年龄较大的学生，一份自我评估总结可以如表 5.2B 所示。

表 5.2A　年龄较小学生的自评表

名称：	
日期：	
在这项任务中，我认为我的工作是：	
4= 超级棒！ 这是我做得最好的工作。	
3= 不错。我非常努力。	
2= 一般。我可以做得更好。	我有一些想要改进的观点：
1= 不是很好。我想重做这项工作。	我需要帮助：

表 5.2B　年龄较大学生的自评表

名称：
你从本单元学到的关键观点是什么？ ________________ ________________ ________________
你在完成这个任务时学到了什么？ ________________ ________________ ________________
这项任务有哪些优点？ ________________ ________________ ________________

续表

应该如何改善你的工作？ ______ ______ ______
这项任务是否达到了规定标准？是如何达到的，或者为什么没达到？ ______ ______ ______

策略 89 合作评估会议

由萨德尔（Seidel，1991）开发的合作评估会议，可以让学生和教师共同参与关于学生学习质量的交流。这样的会议使评估过程民主化，使被评估的人有机会发表相关的意见。评估会议通常是在学生主要学习任务开始之前和之后分别完成的。这些会议是基于这样的认识：学生认真学习，教师也要认真予以对待，而且学生要积极作出反馈。

第一次会议：建立评估标准

在开展重要任务或项目之前，教师和学生可以协调确定完成工作的评估标准。讨论的时长为大约 30 分钟，检查和改进内容和技能标准。例如，学生可能会建议：他们这次的学习任务主要是了解并厘清某一个概念，可以将所学知识进行视觉展示，并应用到现实世界中。如此一来，也可以确定可接受的效率水平。在第一次合作评估会议期间，教师也可能会展示以前的学生作品样本，以便全班能够分析这些模式是否达到了标准，为什么达到了，或者为什么达不到。

第二次会议：评估学生学习结果

第二次合作评估会议是在学习任务将要结束时安排的，目的是展示学生的工作，并同时讨论这些任务如何有效地达到了预定标准。这样的会议可以单独进行，也可以采用小组或整个班级评估的方式进行。以下是实施这一总结性评估过程的具体要求。

开展讨论的具体要求

1. 要求学生解释自己的学习任务、学习质量和学习成果。
2. 以尊重的、无价值判断的表达方式来描述学生的学习。
3. 确定学习中最醒目或明显的特征。询问学生是否有其他意见。
4. 询问有关此项目的问题，鼓励其他同学也这样做。
5. 评估这项工作是否符合预定标准。

在结束评估会议时，指出该任务值得推广的明显优点，并提出积极的评语，或者对未来给予鼓励。

策略 90　考试事项

接下来就到了标准化测试了。在教学和实践中，可以将其所需技能整合进日常课堂评估。教师可以模拟每个技能的应用，并借此破除高风险测试过程的神秘感，同时向学生展示在考试中如何完成以下内容：

1. 听从指令，包括口头和书面的指令，以及含有多个步骤的复杂指令。

2. 通过了解关键术语的意思，比如总结、举例或任务展示，来对提示进行回应。

3. 使用多种测验模板进行练习。

4. 使用答题纸，适当地找出并标注答案。

5. 有效管理时间，遇到难题可以先跳过，之后再做。合理分配做不同类型题目的时间，避免手忙脚乱。

6. 对每个选项进行思考，快速寻找答案，进行合理猜测，去除错误选项。确定题目中是否漏给了正确选项，并检查作答内容。

7. 在分析选项前预测答案。

8. 阅读段落，寻找答案。

9. 使用关键词、数字或图表来解决问题。

10. 计算时要细心。

策略 91　学生考试守则

认真思考以下学生考试守则中，你知道哪些和能做到哪些。

1. 规划时间和节奏。
2. 仔细阅读，并就阅读内容进行自我提问。
3. 听从指令，听从指令，听从指令。
4. 在分析选项前预测答案。
5. 跳过难题，先回答简单题。
6. 知道何时和如何猜测——去除明显错误的答案，并从最佳答案中进行选择。
7. 对于写作考试，应首先整理思路，再以完整的句子作答。
8. 检查作答内容。
9. 使用积极的自我暗示，全力以赴完成测试。

策略 92 了解你自己：起点谈话

在单元或术语教学开始时，教师可以通过使用诊断形式的评估，了解学生知识的基准数据。一种方法是就特定学科，对学生进行简要的询问。年龄较大的学生或教学助手可以组织面试，记录回答。学生也可以使用表格（如调查表）来完成访谈。教师反思所取得的数据，从而深入了解学生的基础知识和态度。下面是一份起点谈话表的示例（Campbell，Campbell，& Dickinson，1999）：

表 5.3 起点谈话表

学生姓名：
日期：
主题或班级：
访谈者姓名：
1. 你的熟人中有没有对这个主题或话题非常感兴趣的？
2. 如果有，你怎么知道这个人对这个话题感兴趣？
3. 就这个话题，你从这个人身上学到什么？或者，你以前遇到过这个话题吗？
4. 针对这个话题，你能谈上一两件事吗？
5. 你想学习的一件事是什么？
6. 你觉得你会如何在学校使用这个信息？在校外呢？
7. 你的最佳学习方式是什么？教师应该如何做才能让这个话题更有趣些？

策略 93　道别：结束谈话

与起点谈话相反，结束谈话要求教师和学生反思所学到的知识、学习方式以及未来的发展。下面是一份结束谈话表的示例（Campbell，Campbell，& Dickinson，1999）：

表 5.4　结束谈话表

学生姓名：
日期：
主题或班级：
访谈者姓名：
1. 思考一下，就这个主题，你在班上最早的任务是什么？你学到的两三个关键点是什么？
2. 学习内容中哪些是全新的？
3. 在这个单元或课程中，你最喜欢的是什么？
4. 你在这个单元遇到什么问题了吗？
5. 作为本班学生，你对自己有什么了解？
6. 你会如何使用所学的信息？
7. 你认为你应该得多少分？为什么？
8. 这个新知识是怎样改变你的？
9. 接下来你想要学些什么？
10. 你将如何开始？

策略 94 用轶事记录来做笔记

轶事记录是描述观察期间重要行为的简要说明。随着时间的推移，在收集和审阅这些记录后，教师能够发现学习和行为的模式，做出教学决策，并给予学生反馈。这种形成性评估有很多组织方式。有些教师使用按学生姓名字母排序的通用表格，有些教师使用特定学科领域的笔记本，其他教师则使用卡片或者随后可放入学生档案的即时贴。轶事记录示例如表 5.5 所示。

表 5.5 显著行为轶事记录

学生姓名：Deloria 学科：5 年级数学
1/12 教师观察：在要求学生计划旅行预算后，Deloria 望着窗外，削铅笔，并要求去卫生间。当她回来时，她参与制订了预算草案。
1/16 教师观察：Deloria 先是在班上花了几分钟来要求提供用具进行学习。她单独完成了大部分问题。
1/24 教师观察：今天，Deloria 在上课前十分钟很难进入状态，但我重申了课程指示，这似乎对她有所帮助。
1/2 建议：协助 Deloria 按时开始执行任务。

来源：改编自 K. Pike & S. Salend（1995）。

策略 95　编制量规

量规是描述作业的组成部分和质量级别（如新手、熟手和专家）的评估工具。它向学生和其他人提供关于学业预期的明确信息，以及学生何时可以通过提出高质量成绩的指标，促进自身发展。确定量规的内容，需要分析具体评估材料以及可能的回答。学生可以参与确定不同质量层次任务的特征。以下指南有助于确定学生在不同得分水平下的可能的回答：

最高质量的回答会是什么样子的？在下面列出其特征。

预期的学业表现水平有多少级别？不同级别的任务会是什么样子？
在下面列出其特征。

5.

4.

3.

2.

1.

0.

图 5.1　指南

一旦创建了量规，学生个人、同伴和教师都可以使用相同的表单，就任何单个任务提出反馈。了解人们的观点有何不同，为何不同，会非常有意思。

表5.6是用于评估学生写作的量规示例，留出了学生自我评估与接受同伴和教师评估的空间。

表5.6　学生写作评语

学生姓名：________________

新手——学生的任务表明其正在掌握技能和知识。

学徒——学生的任务充分使用了知识和技能。

榜样——学生的任务是改正和避免错误。

标准	新手	学徒	榜样	自己	同伴	老师
写作惯例	很多拼写错误、标点符号或分段错误。	有一些拼写错误、标点符号或分段错误。需要进行一些修改。	拼写、标点符号或分段都准确无误。有一些原创点。			
句子结构	句子不完整，松散、支离破碎或拗口。	句子结构合理，但变化极少。	句子流畅，富有变化和创造性。			
词汇使用	词汇有限，缺乏意象或实例。	用语普通，能够传递信息，但缺乏意象。	用词有趣，形象生动且表达有创意。			
观点和内容	没有聚焦点。	观点清晰，重点突出。	观点清晰，重点突出且引人入胜。			

为了帮助教师发展所有学科领域的专业知识，下列清单对四个级别的学生作品进行了评估性描述。教师（和学生）可以决定哪些级别适合于评估某项任务，然后选择评分，插入到表 5.7 中空白的课堂量规标准表中。

课堂评分量规的通过评分标准

4 级

对学科主题有深入的了解。

清晰简洁地表达思想。

以高度逻辑化的方式讨论观点。

解决了所有提出的问题。

回答时准备完全。

做出非常详细的回答。

描述概念时没有错误。

3 级

表现出对于该学科具有良好知识储备。

充分表达想法。

以合乎逻辑的方式讨论观点。

解决了所有提出的问题。

回答时准备充分。

回答时几乎没有错过哪些细节。

回答时出现很小的错误。

2 级

对该学科有所了解。

观点的表述有些混乱。

在讨论中，有些观点不合逻辑。

解决了大部分问题。

回答时有所准备。

回答时提供了一些细节。

回答时出现重大错误。

1级

对该学科一无所知。

观点的表述非常混乱。

在讨论中很多想法不合逻辑。

几乎没有解决问题。

回答时几乎毫无准备。

回答时漏掉大部分细节。

观点基本错误。

表5.7　课堂量规标准表

得分： 标准：				

策略 96　口头评估

正如纳利（Nunley，2000）所称，边想边说或口头评估，是简短的师生互动形式。这类方式要求学生在上课期间解释其想法或学习收获。教师至少每两天要对每个学生进行一次检查，在教室中随意走动，一对一地提出问题。这种形成性的口头评估能快速发现学生的误解或混淆之处，避免疏漏。一对一的评估问题示例如下：

1. 你会如何重新表述我的指令？
2. 你将如何开始这项任务？
3. 下一步你要做什么？
4. 告诉我你是如何做出这个决定的。
5. 解释你的想法。
6. 对此你是如何定义的？
7. 你能解释一下这个答案吗？
8. 将你的这部分任务与量规中的相应标准进行比较。
9. 你能再举个例子吗？
10. 你将如何完善你的想法？

策略 97 观察日志

教师每天都在观察学生的学习和行为交互。这种观察通常是非正式的，很少被记录下来。然而，通过有意使用，观察可以帮助生成重要的想法。一些教师建构观察的方式是在一天内留出部分时间进行观察，或者是通过计划观察指定的技能或特定的学生。观察也可以是非结构化的，即简单地记下重要的事件或行为。教师可以使用适用于自己目标的通用观察指南，并进行叙述性评论。这会很有帮助（见表 5.8）。

表 5.8 通用观察指南

班级：________________ 日期：________________

评分：
D = 没有证据表明学生知道或使用技能。
C = 学生开始使用技能。
B = 学生在发展技能方面取得进展。
A = 学生表现出这一能力。

学生姓名	目标技能	目标技能	叙述性评论
1.			
2.			
3.			
4.			
5.			

策略 98　学生自检清单

学生可以根据简单的清单大致衡量自己技能的发展状况。有机会这样做时，他们可以分析、描述并评估自己的学习经历、获得的成功和遇到的挑战。表 5.9 中的自检清单是学生对阅读技能的自我评估。

表 5.9　学生对阅读技能的自我评估

姓名：________________　日期：________________

阅读能力	很少	有时	经常
我喜欢阅读。			
我会在阅读时问自己问题。			
我可以总结读过的内容。			
阅读时，我会记笔记或标出重点。			
我通过其他词汇或语境来理解新词。			
我会为所读的内容制作图示。			
我会将所读内容与生活联系起来。			
我会针对所读内容开展写作。			

策略 99　学习记日志

学习记日志可以完成多个学习和评估目标。这一策略鼓励学生同时进行写作和推理，既能反映出学生逐步的成长，又可以作为诊断性、形成性或总结性的评估工具。写作困难的学生可以通过音频日志来记录反思。由于通过框架性提示可以提高学生写作的质量，以下给出了一些提示：

1. 说说你喜欢今天这节课的什么地方。
2. 用自己的话来定义一个关键概念。
3. 写出你今天不喜欢的内容。
4. 解释你是如何解决问题的。
5. 在课程结束时，写下你所学到的、不明白的，以及你希望获得什么样的帮助。
6. 你对今天的话题有什么看法，进行阐述。
7. 把学习内容与新闻或生活联系起来。
8. 描述你会如何向一个熟人传授一个概念。
9. 指出如何改善这种学习体验。
10. 根据指定标准，评估任务或项目，给出一个合理的分数。

策略 100　非传统评估

有时可以找到一些分数之外的数据，来说明学生的学习进度。这有助于学生、家长和管理人员理解一些问题，例如，上个学期的学生出勤率提高了 40%，上个月其他人对学生行为问题的投诉少了三分之一，或者某个学生每周至少提出三个有价值的问题。表 5.10 改编自尼尔森（Nelson，2000）的研究，他建议教师每星期只花两天时间跟踪学生的行为（表中示例为周二和周四），这样就不会忽视其他学生。

表 5.10　非传统评估

学生：________			月份：________					
缺席：________			病假：________			迟到：________		
社交行为	周二	周四	周二	周四	周二	周四	周二	周四
负面（冲动，破坏性，欺凌等）								
积极（适当，支持，有帮助等）								
参与	周二	周四	周二	周四	周二	周四	周二	周四
消极的（冷漠，不专心，不感兴趣等）								
积极（专心，努力，提问等）								
其他人的反应	周二	周四	周二	周四	周二	周四	周二	周四
负面（抱怨，违规，回避等）								
积极（赞美，被认为是积极的领导者等）								

策略 101 安排评估

教师通常花费大量时间来规划四分之一学期、四分之三学期或半学期的课程。这种规划也可用于开发综合评估日程。教师可以停下来用心反思最适合课程目标的考核时间和类型。图 5.2 中的具体日程安排评估可以作为参考，它是一种体现诊断性、形成性和总结性评估的形式。每个项目都可以作为学生档案的一个条目，以多种措施来显示学生的成长历程。

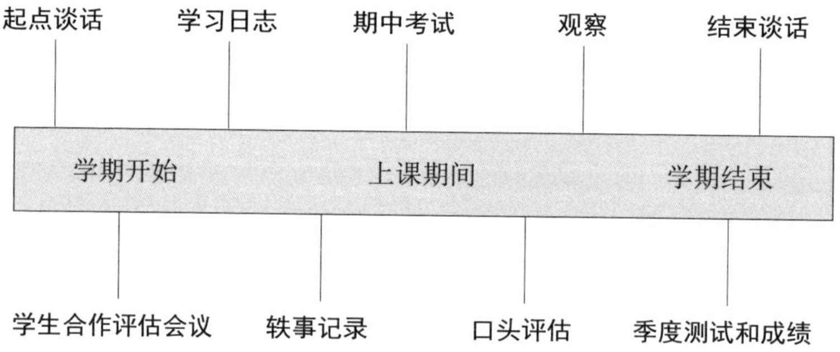

图 5.2 具体日程安排评估

来源：改编自 L. Campbell, B. Campbell, & D. Dickinson（1999）。

关于评估的更多建议

Marzano, R. (2006). *Classroom assessment and grading that work*. Alexandria, VA: Association for Supervision and Curriculum Development.

该文本深入探索了马扎诺所说的“教师‘武器库’中最强大的‘武器’之一”。马扎诺认为，一个有效的基于标准的形成性评估程序，有助于极大地提升学生在整个 K–12 系统中的成就。基于个人和他人的研究，作者提供了以下问题的答案：有效的评估计划有哪些特点？什么类型的评估项目和任务最适合于衡量学生在掌握信息、心理程序和心理动作程序方面的进步？什么类型的评分和最终评估方法能够最大程度地准确描绘学生在连续学习过程中的进步情况？

Marzano, R. J., & Haystead, M. W. (2008). *Making standards useful in the classroom*. Alexandria, VA: Association for Supervision and Curriculum Development.

该书提出了在基于标准的运动中教师所面临的共同挑战。它首先确定了目前课程标准的内容要求，并向教师展示如何将他们预期教授和评估的内容目标进行合理排序。该书面向各年级的教育工作者，为数学、语言艺术、科学、社会研究以及生活技能等核心科目提供了详细的评估指南。

Stiggins, R. (2005). *Student-involved classroom assessment*（4th ed.）. Upper Saddle River, NJ: Prentice Hall.

该书介绍了如何进行日常评估，以及如何利用评估来惠及学生。它提供了各种实用信息，包括开发各种评估工具，将学习目标与评估方法相匹配，以及如何沟通评估结果。斯蒂金斯（Stiggins）还强调学生自我评估的重要作用。在这项工作中，斯蒂金斯认为，学生不应该成为评估的受害者，而要从积极参与的过程中受益，最终达成高标准的内化目标。

Wiggins, G., & McTighe, J. (2005). *Understanding by design* (2nd ed.). Alexandria, VA: Association for Supervision and Curriculum Development.

该书虽然没有完全解决评估问题，但解释了教师应该以终为始开展教学规划。威金斯（Wiggins）和麦克泰格（McTighe）认为，在各个层级开始规划 K–16 课程之前，教师都应该考虑：他们希望学生学习和支持的内容；什么形式的证据可以用来记录他们是否达到这种学习水平；适当的学习经验和教学水平。学业表现评估应该自然地出现在有意义的学习背景中。

Wormelli, R. (2006). *Fair isn't always equal: Assessing and grading in the differentiated classroom*. Portland, ME: Stenhouse.

该书受众面向初高中教师，为教师和管理人员提供了有关评估和评级的可靠有用的信息。沃尔梅利（Wormelli）在文中涵盖了完整的课堂评估周期，包括学生的准备情况、学习成果、各种评估策略以及评估后采取的行动。作者在文中还涉及一些重要的、存在争议的问题，如“什么是掌握”“什么是最重要的评估类型”“教师应该如何在全纳课堂中评估具有特殊需求的学生”。除了在理论和研究方法方面令人印象深刻之外，该书的精彩之处在于其提供了评级和评估方法的完整细节。

第 6 章 结 语

走进美国学校，我们就能发现教学本身存在着复杂性。在快速参观课堂时，观察人员发现，教室里学生类别令人眼花缭乱，每个学生都有迫切的需求。有些学生是本地人，而有些人才初到美国。有些学生在学校已就读两年或以上，有些学生昨天或上周才进校。学生的背景和经历不同，针对每个学生的教学策略也不一样。在大多数教室里，全班教学、小组教学和个性化教学网络交织。很明显的是，有些学生擅长通过倾听和观察的方式学习，而另一些学生则倾向于动手的活动、绘画和身体动作。一些学生能轻松地进行快速对话，而另一些学生则表现出迟疑和纠结。这时由资源教师、专家和任课教师组成的网络即可发挥作用，他们会讨论何时、用何种方式来帮助谁。教师的讨论内容包括州立标准、评估要求、教师课程兴趣、学生兴趣、团队目标和教学策略等方面。

在学校访问结束时，学生族裔、语言、学术水平的差异以及短短几个月内必须教完的课程等多重因素给我们留下了深刻的印象。教育就像一幅复杂的拼图，该怎么将这些碎片拼在一起呢？

我们可以从这本书开始，了解学生以及他们的群体，关注他们知道什么或认为自己知道什么。了解了学生的背景信息后，我们就能把握学生原有的知识水平，然后为学生定下新的学习目标。如前所述，我们可以使用逆向规划，同时，明确描述学生可以取得的进步。我们可以挑选本书中任意一条有效的教学策略，根据学生的需求，灵活调整教学策略。为使每个学生都能体验成功，我们可以调整以下课堂因素的难度和节奏：课程、课文、提问类型、日常联系类型以及评估手段。另外，要调整这些课堂因素，我们需要了解这些因素在课堂上的作用。

课堂的复杂需求、人类大脑的奥秘以及学习和改进学习的能力，都要求教师终身学习。在教授学生重要的技能、知识和学习态度的同时，我们也可以假装自己是学生。我们可以与学生分享在学习中的快乐、挑战和成功以及我们对研究、思考和教育本身的尊重。我们也很感激，随着日常教学需求的增加，相关领域的研究也越来越多。我们有幸能够在这个教学支持与方法不断进步的时代从事教育事业。

我们都希望学生是细心、专注与用心的。我们知道，每个学生都是独一无二的，都应该有机会去学习、成长并实现梦想。当初吸引我们投身于教育事业的崇高理想是：通过改变学生，我们的社会将变得更好；社会上将会充满有能力、有爱心、有创造力的人，未来是光明的——这一切都在我们的掌握之中。当学生对学习感到兴奋时，这一目标就会实现。对学习感兴趣是优质教学的成果之一。

本书借鉴了相关教学研究，将优质教学工具置于教师手中。通过了解在课堂里行之有效的方法及其原理，教师和学生可能会取得更大的成功。希望我们的努力能帮助读者，同时也期望读者赞同本书，认可这 101 条策略值得专注于教学的教师应用到课堂中。

参考文献

Adams, C., & Pierce, R. (2003). Teaching by tiering. Retrieved June 13, 2008, from www.nsta.org/publications/news/story.aspx？id =48723

Adams, C., & Pierce, R. (2005). Using tiered lessons in mathematics. *Mathematics Teaching in the Middle School, 11*(3), 144–149.

Adams, C., & Pierce, R. (2006). *Differentiating instruction: A practical guide for tiering lessons in the elementary grades*. Waco, TX: Prufrock Press.

Aesop. (n.d.). *Fables*. Retrieved August 2, 2002, from http://www.aesopfables.com

Allington, R. L. (2001). *What really matters for struggling readers: Designing research-based programs*. New York: Longman.

American Association of School Administrators. (2001). *An educator's guide to schoolwide reform*. Retrieved April 30, 2008, from http://www.aasa.org/issues_and_insights/ district_organization/Reform/index.htm

American Association of University Women Educational Foundation. (1992). *How schools shortchange girls*. New York: Marlowe.

American Association of University Women Educational Foundation. (1998). *Gender gaps: Where schools still fail our children*. Washington, DC: Author.

Anderson, J. (2007). *Encouraging girls in math and science*. Cambridge, Harvard Graduate School of Education. Retrieved April 30, 2008, from http://www.gse.harvard.edu/news_events/features/2007/11/21_star.html

Andreasen, N. C., O'Leary, D. S., Paradisio, S., Cizadlo, T., Arndt, S., Watkins, G., et al. (1999). The cerebellum plays a role in conscious episodic memory retrieval. *Human Brain Mapping*, *8*(4), 226–234.

Aronson, E., Stephan, C., Sikes, J., Blaney, N., & Snapp, M. (1978). *The jigsaw classroom*. Thousand Oaks, CA: Sage Publications.

Arroyo, A., Rhoad, R., & Drew, P. (1999). Meeting diverse student needs in urban schools: Research-based recommendations for school personnel. *Preventing School Failure*, *43*(4), 145–153.

Association for Supervision and Curriculum Development. (2000). *Before it's too late: Giving reading a last chance* (curriculum update). Alexandria, VA: Author.

Ball, D. (1993). With an eye on the mathematical horizon: Dilemmas of teaching elementary school mathematics. *Elementary School Journal*, *93*, 373–397.

Banks, J., & Banks, C. (Eds.). (2006). Multicultural education: Issues and perspectives (6th ed.). New York: John Wiley.

Barnett, R., & Rivers, C. (2006). The boy crisis—Fact or myth?. *Teachers College Record*. Retrieved February 22, 2008, from http://www.tcrecord.org/Content.asp? Content ID=12750

Barrell, I. (2001). Designing the invitational environment. In A. Costa (Ed.), *Developing minds: A resource book for teaching thinking* (3rd ed.) (pp.106–110). Alexandria, VA: Association for Supervision and Curriculum Development.

Baum, S., Renzulli, S., & Hebert, T. (1995). The prism metaphor: A new paradigm for reversing underachievement. *Gifted Child Quarterly*, *39*(4), 224–235.

Bauer, H. (1997). *High poverty, high performing*: *High hope*. Intercultural Development Research Association. Retrieved May 4, 2008, from http://www.starcenter.org/articles/highhope.html

Bazler, J., & Simonis, D. (1990). Are women out of the picture? *Science Teaches*, *57*(9), 24–26.

Beck, I., & McKeown, M. (1981, Nov.–Dec.). Developing questions that promote comprehension: The story map. *Language Arts*, *58*, 913–918.

Biemans, H., & Simons, P. (1996). A computer-assisted instructional strategy for promoting conceptual change. *Instructional Science*, *24*, 157–176.

Bishop, J. (2006). *Success for boys: Helping boys achieve*. Retrieved February 24, 2008, from http://www.successforboys.edu.au/boys/

Black, P., & Wiliam, D. (1998). Inside the black box: Raising standards through classroom assessment. *Phi Delta Kappan*, *80*(2), 139–159.

Bolin, L. (2005). A word is worth a thousand pictures. *Math Teacher Quarterly*, *6*(1).

Bracey, G.W. (2006, November). *Separate but superior? A review of issues and data bearing on single-sex education* (ESPL–0611–211–EPRU). Tempe, AZ: Arizona State University, Education Policy Research University.

Bransford, J. D., Brown, A. L., & Cocking, R. R. (Eds.). (1999). *How people learn: Brain, mind, experience, and school*. Washington, DC: National Academy Press.

Bransford, J. D., Brown, A. L, & Cocking, R. R. (Eds.). (2000). *How people learn: Brain, mind, experience, and school*. (Expanded Ed.). Washington, DC: National Academy Press.

Bransford, J. D. & Donovan, S. M. (2005). *How students learn: History, mathematics, and science in the classroom.* Washington, DC: National Academies Press.

Brice, A., & Roseberry-McKibbin, C. (1999). Turning frustration into success for English language learners. *Educational Leadership*, *56*(7), 53–55.

Brophy, J. (2000). *Teaching*. Geneva, Switzerland: International Academy of Education.

Brown, J. E., & Stephens, E. C. (Eds.). (1998). *United in diversity: Using multicultural young adult literature in the classroom*. Urbana, Il. National Council of Teachers of English.

Brown, L. M., & Gilligan, C. (1992). *Meeting at the crossroads: Women's psychology and girls' development*. Cambridge, MA: Harvard University Press.

Bullock, L. D. (1997). Efficacy of gender and ethnic equity in science education curriculum for preservice teachers. *Journal of Research in Science Teaching, 34*(10), 1019–1038.

Campbell, L., & Campbell, B. (1999). *Multiple intelligences and student achievement: Success stories from six schools*. Alexandria, VA: Association for Supervision and Curriculum Development.

Campbell, L., Campbell, B., & Dickinson, D. (1999). *Teaching and learning through multiple intelligences*. Needham Heights, MA: Allyn & Bacon.

Campbell, L., Campbell, B., & Dickinson, D. (2004). *Teaching and learning through multiple intelligences* (3rd ed.). Boston: Allyn & Bacon.

Campbell, P. B., & Sanders, J. (1997). Uninformed but interested: Findings of a national survey on gender equity in preservice teacher education. *Journal of Teacher Education, 48*(1), 69–75.

Carey, S., & Gelman, R. (Eds.). (1991). *The epigenesis of mind: Essays on biology and cognition*. Hillsdale, NJ: Lawrence Erlbaum.

Carpenter, T., Fennema, E., & Franke, M. (1996). Cognitively guided instruction: A knowledge base for reform in primary mathematics instruction. *Elementary School Journal, 97*(1), 3–20.

Carpenter, T., & Fennema, F. (1992). Cognitively guided instruction: Building on the knowledge of students and teachers. *International Journal of Educational Research, 17*, 457–470.

Cawelti, G. (Ed.). (2004). *Handbook of research on improving student achievement* (2nd ed.). Arlington, VA: Educational Research Service.

Center for Public Education. (2008). *Minority students make gains on national assessment although achievement gaps remain.* Retrieved February 22, 2008, from http://www.centerforpubliceducation.org/site/c.kjJXJ5MPIwE/b.345

Center for Research on Education, Diversity & Excellence (CREDE). *The five standards for effective pedagogy.* Retrieved June 22, 2008 from http://www-gse.berkeley.edu/research/crede/standards/standards.html

Children's Hospital Boston. (2007). *A first glimpse at healthy brain and behavioral development.* Retrieved February 22, 2008, from http://www.childrenshospital.org/newsroom/Site1339/mainpagesS1339P1subleve1307.html

Christen, W. L., & Murphy, T. J. (1991). *Increasing comprehension by activating prior knowledge.* ERIC Digest #61. Bloomington, IN: ERIC Clearinghouse on Reading, English, and Communication. (ERIC Document Reproduction Service No. ED 328 885)

Coates, R. D. (1989). The regular education initiative and opinions of regular classroom teachers. *Journal of Learning Disabilities*, *22*, 532−536.

Cohen, J. (2005). *Girls learning alone: Social transgression and a single-sex math classroom.* Paper presented at the annual meeting of the American Sociological Association, Marriott Hotel, Loews Philadelphia Hotel, Philadelphia, PA, August 12, 2005. Retrieved May 1, 2008, from http://www.allacademic.com/meta/p23034_index.html

Coley, R. (2001). *Differences in the gender gap: Comparisons across the radical/ ethnic groups in education and work*, Princeton, NJ: Educational Testing Service.

Collicott, J. (1991). Implementing multi-level instruction: Strategies for classroom teachers. In G. L. Porter & D. Richter (Eds.), *Changing Canadian schools: Perspectives on disability and inclusion* (pp.191−218). Toronto, Ontario: G. Allen Roeher Institute.

Cooney, S., & Bottoms, G. (2002). *Middle grades to high school: Mending a weak link.* Atlanta, GA: Southern Regional Education Board.

Corbett, H. D., & Wilson, B. L. (2000). *Students'perspectives on the Ninth Grade Academy of the Talent Development High Schools in Philadelphia: 1999–2000.* Philadelphia: Philadelphia Education Fund.

Cotton, K. (1993). *Fostering intercultural harmony*. Portland, OR: Northwest Regional Educational Laboratory. Retrieved May 2, 2008, from http://www.nwrel.org/scpd/sirs/8/topsyn7.html

Daggett, W., & Nussbaum, P. (2007). *How brain research relates to rigor, relevance and relationships*. Retrieved on January 5, 2008, from http://www.leadered.com/pdf/Brain%20Research%20White%20Paper.pdf

Daily, M. (2007). *Using formative assessment to improve teaching and learning*. Retrieved on January 5, 2008, from http://www.ncslma.org/2007Conference/Handouts/56-FormativeAssessment.ppt

Damasio, A. R., & Damasio, H. (1993). Brain and language. In *Mind and brain* (pp. 54–65). New York: W. H. Freeman.

Davey, B. (1983, October). Think aloud: Modeling the cognitive processes of reading comprehension. *Journal of Reading*, *27,* 44–47.

Davison, D. M., & Pearce, D. L. (1992). The influence of writing activities on the mathematics learning of Native American students. *The Journal of Educational Issues of Language Minority Students*, *10*, 147–157.

Diamond, B., & Moore, M. (1993). *Using multicultural literature to increase reading engagement and comprehension*. Retrieved May 5, 2008, from the Center for Multicultural Education, University of Washington, http://depts.washington.edu/centerme/mlp.htm

Diamond, M., & Hopson, J. (1998). *Magic trees of the mind: How to nurture your child's intelligence, creativity, and healthy emotions from birth through adolescence*. New York: Penguin.

Dochy, F. J., & Alexander, P. A. (1995). Mapping prior knowledge: A framework for discussion among researchers. *European Journal of Psychology of Education, 10*(3), 225–242.

Dolezal, S. E., Welsh, L. M., Pressley, M., & Vincent, M. M. (2003). How nine third-grade teachers motivate student academic engagement. *The Elementary School Journal, 103*(3), 239–267.

DomNwachukwu, C. S. (2005, Fall). Standards-based planning and teaching in a multicultural classroom. *Multicultural Education, 13*, 40–44.

Donovan, M. S., & Bransford, J. D. (Eds.). (2005). *How students learn: History, mathematics, and science in the classroom*. Washington, DC: The National Academies Press.

Downs, A., & Strand, P. (2006). Using assessment to improve the effectiveness of early childhood education. *Journal of Child and Family Studies, 15*(6), 671–680.

Dufour, R. (2000). Data put a face on shared vision. *Journal of Staff Development, 21*(1), 71–72.

Dunn, R., & Dunn, K. (1978). *Teaching students through their individual learning styles: A practical approach*. Boston: Allyn & Bacon.

Education for All Handicapped Children Act. (1975). Pub. L. No. 94–142.

Educational Development Corporation. (1999). *Women's Educational Equity Act: 1999 fact sheet on women's and girls' educational equity*. Newton, MA: Author.

Educational Research Service. (2001). *Student mobility*. Arlington, VA: Author.

Educational Research Service. (2004). *Helping students transition to high school.* Alexandria, VA: Author.

Educational Research Service. (2006). *Incorporating research-based teaching strategies.* Alexandria, VA: Author.

Educational Research Service. (2007a). *Educating boys.* Alexandria, VA: Author.

Educational Research Service. (2007b). *Elements of highly effective mathematics programs*. Alexandria, VA: Author.

Education Review Office. (2000). *Promoting boys' achievement.* Retrieved April 30, 2008, from http://www.ero.govt.nz/ero/publishing.nsf/Content/Promoting%20Boys'%20 Achievement

Elbaum, B., Moody, S., Vaughn, S., Schumm, J., & Hughes, M. (1999). *The effects of instructional grouping format on the reading outcomes of students with disabilities: A meta-analytic review*. National Center for Learning Disabilities. Retrieved May 1, 2008, from http://www.ncld.org/content/view/522/

Ellis, A. K., & Fouts, J. T. (1997). *Research on educational innovations*. Larchmont, NY: Eye on Education.

Ellis, A. (2005). *Research on educational innovations*. Larchmont, NY: Eye on Education.

Ellison, C. M., Boykin, A.W., Towns, D. P., & Stokes, A. (2000). *Classroom cultural ecology: The dynamics of classroom life in schools serving low-income African-American children.* Washington, DC: Howard University. Retrieved January 27, 2008, from http://www.csos.jhu.edu/crespar/techReports/Report44.pdf

Feldman, J., & Tung, R. (2001, Summer). Using data-based inquiry and decision making to improve instruction. *ERS Spectrum, 19,* 10–19.

Fletcher, R. (2006). *Boy writers: Reclaiming their voices*. Portland, ME: Stenhouse.

Fountas, I., & Pinnell, G. (2001). *Guiding readers and writers: Teaching comprehension, genre, and content literacy*. New York: Heinemann.

Frasier, M., & Passow, A. (1994). *Toward a new paradigm for identifying talent potential* [Monograph 94112]. Storrs, CT: National Research Center on the Gifted and Talented.

Fuson, K. C., Kalchman, M., & Bransford, J. D. (2005). Mathematical understanding: An introduction. In M. Donovan & J. D. Bransford (Eds.), *How students learn: History, mathematics, and science in the classroom* (pp.217–256). Washington, DC: The National Academies Press.

Gabel, D. (2004). Chapter 9: Science. In G. Cawelti (Ed.), *Handbook of research for improving student achievement* (3rd ed.) (pp.202–225). Arlington, VA: Educational Research Service.

Gardner, H. (1983). *Frames of mind: The theory of multiple intelligences*. New York: Basic Books.

Gardner, H. (1985). *The mind' s new science: A history of the cognitive revolution*. New York: Basic Books.

Gardner, H. (1991). *The unschooled mind: How children think and how schools should teach*. New York: Basic Books.

Gardner, H. (2000). *The disciplined mind: Beyond facts and standardized tests: The K–12 education that every child deserves*. New York: Penguin Books.

Gardner, H. (2003). *Multiple intelligences after 20 years*. Paper presented at the American Educational Research Association Conference. Chicago: Author.

Gay, G. (1989). Ethnic minorities and educational equality. In J. A. Banks & C. A. M. Banks (Eds.), *Multicultural education: Issues and perspectives* (pp.167–188). Needham Heights, MA: Allyn & Bacon.

Gay, G. (2001). Educational equality for students of color. In J. A. Banks & C. A. M. Banks (Eds.), *Multicultural education: Issues and perspectives* (pp.197–224). New York: John Wiley.

Gersten, R., & Clarke, B. S. (2007). *Effective strategies for teaching students with difficulties in mathematics* (Research Brief). Retrieved December 30, 2007, from http://www.nctm.org/uploadedFiles/Research_IssuesandNews/Briefs_andClips/research%20brief%2002%20%20Effective%20Strategies(1).pdf

Gersten, R., Baker, S., Marks, S., & Smith, S. (1999). *Effective instruction for learning disabled or at-risk English-language learners: An integrative synthesis of the empirical and professional knowledge bases*. National Center for Learning Disabilities. Retrieved April 30, 2008, from http://www.ncld.org/content/view/519/

Gilligan, C. (1982). *In a different voice: Psychological theory and women's development.* Cambridge, MA: Harvard University Press.

Glasser, W. (1990). The quality school. *Phi Delta Kappan*, *71*(6), 424–435.

Glynn, C. (2001). *Learning on their feet: A sourcebook for kinesthetic learning across the curriculum*. Shoreham, VT: Discover Writing Press.

Goldstein, G., Haldane, D., & Mitchell, C. (1990). Sex differences in visual-spatial ability: The role of performance factors. *Memory and Cognition*, *18*, 546–550.

Graves, M. F. & Cooke, C. L. (1980). Effects of previewing difficult short stories for high school students. *Research on Reading in Secondary Schools*, *6*, 38–54, 256–280.

Graves, M. F., Cooke, C. L., & Laberge, M. J. (1983). Effects of previewing difficult short stories on low ability junior high school students' comprehension, recall and attitudes. *Reading Research Quarterly*, *18*(3), 262–276.

Graves, M. F., & Slater, W. H. (1987, April). *Development of reading vocabularies on rural disadvantaged students, intercity disadvantaged students, and middle class suburban students*. Paper presented at the AERA conference, Washington, DC.

Greene, J. P., & Winters, M. (2002). *Civic report #31: Public high school graduation rates*. Manhattan Institute. Retrieved on February 2, 2008, from http://www.manhattaninstitute.org/html/cr_31.htm

Greene, J. P., & Winters, M. (2006). *Civic report #48: Leaving boys behind: Public high school graduation rates*. Manhattan Institute. Retrieved on February 2, 2008, from http://www.manhattan-institute.org/html/cr_48.htm

Grossen, B. (2000). *What does it mean to be a research-based profession?* University of Oregon. Retrieved April 22, 2008, from http://www.uoregon.edu/~bgrossen/ pubs/resprf.htm

Gurian, M., Henley, E., & Trueman, T. (2001). *Boys and girls learn differently!* San Francisco: Jossey-Bass.

Gurian, M., & Stevens, K. (2005). *The minds of boys: Saving our sons from falling behind in school and life*. Indianapolis: Jossey Bass.

Guzzetti, B. J., Snyder, T. E., & Glass, G. V. (1993). Promoting conceptual change in science. *Reading Research Quarterly, 28*(2), 117−155.

Haberman, M. (1995). *Star teachers of children in poverty*. West Lafayettte, IN: Kappa Delta Pi.

Haggerty, S. (1991). Gender and school science: Achievement and participation in Canada. *Alberta Journal of Educational Research*, *3*, 195−208.

Hallahan, D., & Kauffman, J. (1994). From mainstreaming to collaborative consultation. In J. Kauffman & D. Hallahan (Eds.), *The illusion of full inclusion* (pp.3−17). Austin, TX: PRO-ED.

Haney, W., Madaus, G., Abrams, L., Wheelock, A., Miao, J., & Gruia, I. (2004). *The education pipeline in the United States, 1970−2000.* Boston College: National Board on Educational Testing and Public Policy.

Harlan, W. (2003). *Enhancing inquiry through formative assessment*. San Francisco Institute for Inquiry. Retrieved on January 8, 2008, from http://www.exploratorium.edu/ifi/resources/harlen_monograph.pdf

Hayes, D., & Tierney, R. (1982). Developing readers'knowledge through analogy. *Reading Research Quarterly*, *17*(2), 256–280.

Hibbard, M., & Yakimowski, M. (1997). *Assessment in Connecticut: A partnership to improve student performance-connecting state-level assessment and classroom practices*. Cheshire, CT: Connecticut Association for Supervision and Curriculum Development.

House Resolution 6: Improving America's Schools Act. (1994). Retrieved April 22, 2008, from http://www.ed.gov/legislation/ESEA/toc.html

Howard, B. C. (1987). *Learning to persist: Persisting to learn [training program]*. Washington, DC: Mid-Atlantic Center for Race Equity, American University.

Hulme, M. A. (1988). Mirror, mirror on the wall: Biased reflections in textbooks and instructional materials. In A. Carellie (Ed.), *Sex equity in education* (pp.187–206). Springfield, IL: Charles C. Thomas.

Hunsader, P. (2002). Why boys fail—and what we can do about it. *Principal*, *82*(2), 52–55.

Hutchins, P. (1989). *The doorbell rang*. Parsippany, NJ: Pearson Learning.

Hyerle, D. (2000). *A field guide to visual tools*. Alexandria, VA: Association for Supervision and Curriculum.

Idol, L., Nevin, A., & Paolucci-Whitcomb, P. (1994). *Collaborative consultation*. Austin, TX: PRO-ED.

Individuals With Disabilities Education Act Amendments. (1997). Pub. L. No 105–117.

International Center for Educational Accountability. (2007). Retrieved on January 2, 2008, from http://icea.communityisoft.com

Jalongo, M. R. (1994). *Helping children cope with relocation*. Retrieved June 13, 2008, from www.questia.com/googleScholar.qst? docId=5002220957

James, A. (2007). *Teaching the male brain: How boys think, feel, and learn in school*. Thousand Oaks, CA: Corwin Press.

Johnson, C. (2006). *Unmasking the truth: Teaching diverse student populations*. National Association of Elementary School Principals. Retrieved January 6, 2008, from http://www.naesp.org/ContentLoad.do? contentId=1845

Johnson, D. W., & Johnson, R. (1989). *Cooperation and competition: Theory and research*. Edina, MN: Interaction Book Co.

Johnson, G. M. (1999). Inclusive education: Fundamental instructional strategies and considerations. *Preventing School Failure*, *43*(2), 72–78.

Joos, M. (1972). The styles of the five clocks. In R. Abrahams & R. Troike (Eds.), *Language and Cultural Diversity in American Education*. Englewood, NJ: Prentice Hall.

Kafer, K. (2007). *Taking the boy crisis in education seriously: How school choice can boost achievement among boys and girls*. Washington, DC: Women for School Choice, a Project of the Independent Women's Forum (Position Paper No. 604).

Kimura, D. (2002). Sex differences in the brain. *Scientific American*. Retrieved February 22, 2008, from http://www.sciam.com/article.cfm? articleID=00018E9D-1D06–8E49809EC588EEDF

Kindlon, D., & Thompson, M. (1999). *Raising Cain: Protecting the emotional life of boys*. New York: Ballantine.

King, A. (1994). Guiding knowledge construction in the classroom: Effects of teaching children how to question and how to explain. *American Educational Research Journal*, *3*(12), 338–368.

Klausmeier, H. J. (1985). *Educational psychology* (5th ed.). New York: Harper & Row.

Kolb, A., & Kolb, D. A. (2001). *Experiential learning theory bibliography 1971–2001*. Boston: McBer and Co.

Kommer, D. (2006). *Creating gender-friendly middle school classrooms*. Middle Matters. Retrieved May 5, 2008, from http://www.naesp.org/ContentLoad.do? content Id=1851

Kuykendall, C. (1991). *Improving black student achievement [training program]*. Chevy Chase, MD: Mid-Atlantic Equity Consortium.

Kuykendall, C. (2004). *From rage to hope: Strategies for reclaiming Black and Hispanic students* (2nd ed.). Bloomington, IN: Solution Tree.

Labinowicz, E. (1980). *The Piaget primer: Thinking learning and teaching*. Menlo Park, CA: Addision-Wesley.

Lambert, M. (1986). Knowing, doing, and teaching multiplication. *Cognition and Instruction*, *3*, 305–342.

Lee, D., Harrison, C., & Black, P. (2004). *Teachers developing assessment for learning: Impact on student achievement*. Retrieved April 23, 2008, from http://www.eric.ed.gov/ERICWebPortal/custom/portlets/recordDetails/detailmini.jsp? _nfpb=true&_&ERICExtSearch_SearchValue_0=EJ680303&ERICExtSearch_SearchType_0=no&accno=EJ680303

Legal Information Institute. (n.d.). Stewart B. McKinney Homeless Assistance Act 1987. Retrieved April 23, 2008, from http://www.law.cornell.edu/uscode/42/usc_sec_42_00011411—000-.html

Letrello, T. M., & Miles, D. D. (2003). Transition from middle school to high school: Students with and without learning disabilities share their perceptions. *The Clearing House* (March/April 2003), 212–214.

Lin, J., & Chen, X. (2007). *Exploring creative ways to enhance girls' learning: Learning from all girl schools around the world*. Retrieved April 23, 2008, from http:// www.unicef.org/china/P2_LIN_Jing_paper.pdf

Lingard, B., Martino, W., Mills, M., & Bahr, M. (2002). *Addressing the educational needs of boys*. Australian Government Department of Education, Science and Training. Retrieved May 1, 2008, from http://www.dest.gov.au/sectors/school_education/publications_resources/profiles/addressing_educational_needs_of_boys.htm

Lloyd, S. (2007). Gender gap in graduation. *Education Week*. Retrieved February 19, 2008, from http://www.edweek.org/rc/articles/2007/07/05/sow0705.h26.html

Lorenzen, M. (2003). *Active learning and library instruction*. Retrieved January 31, 2008, from http://www.libraryinstruction.com/active.html

Lovelace, M. (2005). Meta-analysis of experimental research based on the Dunn and Dunn model. *The Journal of Educational Research*, *98*(3), 176−183.

Marzano, R. (1998). *A theory-based meta-analysis of research on instruction*. Aurora, CO: Mid-Continent Regional Educational Laboratory.

Marzano, R. (2001a). *Research-based strategies for every teacher*. Aurora, CO: Mid-Continent Regional Educational Laboratory.

Marzano, R. (2001b). *What works in classroom instruction*. Aurora, CO: Mid-Continental Regional Educational Laboratory.

Marzano, R. (2003). *What works in schools: Translating research into action*. Alexandria, VA: Association for Supervision and Curriculum Development.

Marzano, R. (2004). *Building background knowledge for academic achievement. Research on what works in schools*. Alexandria, VA: Association for Supervision and Curriculum Development.

Marzano, R. (2006). *Classroom assessment and grading that work*. Alexandria, VA: Association for Supervision and Curriculum Development.

Marzano, R. (2007). *The art and science of teaching: A comprehensive framework for effective instruction*. Alexandria, VA: Association for Supervision and Curriculum Development.

Marzano, R., Gaddy, B. B., & Dean, C. (2000). *What works in classroom instruction*. Aurora, CO: Mid-Continental Regional Educational Laboratory.

Marzano & Haystead. (2008). *Making standards useful in the classroom*. Alexandria, VA: Association for Supervision and Curriculum Development.

Marzano, R., Norford, J., Paynter, D., Pickering, D. J., & Gaddy, B. (2001). *A handbook for classroom instruction that works*. Alexandria, VA: Association for Supervision and Curriculum Development.

Marzano, R., & Pickering, D. J. (2005). *Building academic vocabulary: Teacher' s manual*. Alexandria, VA: Association for Supervision and Curriculum Development.

Marzano, R., Pickering, D. J., & Pollock, J. (2001). *Classroom instruction that works*. Alexandria, VA: Association for Supervision and Curriculum Development.

Massell, D. (2000). *The district role in building capacity: Four strategies*. Retrieved May 4, 2008, from http://www.doe.state.de.us/Programs/si/files/District%20Role%20Building%20Capacity.pdf

McKinney, K. (2008). *Active learning*. Illinois State University. Center for Teaching, Learning and Technology. Retrieved May 3, 2008, from http://www.teachtech.ilstu.edu/additional/active.php

Mead, S. (2006). *The evidence suggests otherwise: The truth about boys and girls*. Washington, DC: Education Sector.

Miami Museum of Science. (2001). *Alternative assessment.* Retrieved June 22, 2008, from http://www.miamisci.org/ph/lpexamine1.html

Mid-Atlantic Equity Center. (1993). *Beyond Title IX: Gender equity issues in schools.* Chevy Chase, MD: Author.

Mid-Atlantic Equity Center. (1999). *Adolescent boys: Statistics and trends [fact sheet].* Chevy Chase, MD: Author.

Miller, J. (1993). Trouble in mind. *Mind and brain* (pp.137–138). New York: W. H. Freeman.

Minstrell, J. (1989). Teaching science for understanding. In L. B. Resnick & L. Klopfer (Eds.), *Toward the thinking curriculum* (pp.129–149). Alexandria, VA: Association for Supervision and Curriculum Development.

Mishel, L., & Roy J. (2006). *Rethinking high school graduation rates and trends.* WA D.C.: Economic Policy Institute.

Montgomery County Public Schools. (1997). *Performance-based assessment tasks for social studies.* Retrieved June 22, 2008, from http://www.montgomeryschoolsmd.org/curriculum/socialstd/MSPAP/Games2.html

Munns, G., et al. (2006). *Motivation and engagement of boys: Evidence-based teaching practices (Appendices).* Australian Government Department of Education, Science and Training. Retrieved April 30, 2008, from http://www.dest.gov.au/sectors/research_sector/publications_resources/profiles/motivation_engagement_boys.htm

Nagy, W. E., & Herman, P. A. (1984). *Limitations of vocabulary instruction* (Tech. Rep. No.326). Urbana, IL: University of Illinois, Center for the Study of Reading. (ERIC Document Service No.ED248498).

National Center for Children in Poverty. (2007). *Basic facts about low-income children in the United States*. Retrieved January 1, 2007, from http://www.nccp.org/publications/pub_762.html

National Center for Children in Poverty. (2007). *Testimony at the House Ways and Means Committee hearing on the economic and societal costs of poverty*. Retrieved January 1, 2007, from http://www.americanprogress.org/issues/2007/01/holzer_ testimony.html

National Center for Educational Statistics. (2004). *Trends in educational equity of girls and women*. Retrieved February 23, 2008, from http://nces.ed.gov/pubs2005/ equity/Sections5.asp

National Center for Education Statistics. (2005a). *The nation' s report card: NAEP 2004 trends*. Washington, DC: U.S. Department of Education. Retrieved December 28, 2007, from http://www.nces.ed.gov/nationsreportcard/pdf/main2005/2005464.pdf

National Center for Education Statistics. (2005b). *Trends in educational equity of girls and women 2004*. Retrieved June 12, 2008, from http://nces.ed.gov. pubs2005/equity/

National Center for Education Statistics. (2007). Washington, DC: U.S. Department of Education. Retrieved December 15, 2007, from http:www.http://nces.ed.gov/

National Center for Homeless Education. (n.d.). *Data on homeless children and youth*. Retrieved May 4, 2008, from http://www.serve.org/nche

National Center for the Improvement of Educational Assessment. (2006). *Incorporating growth models into AYP determinations: NCME 2006 growth progression materials*. Retrieved January 1, 2008, from http://www.nciea.org/

National Center for Women and Information Technology. (2007). *By the numbers: Women and information technology*. Retrieved June 13, 2008, from ncwit.org/pdf/Stat_sheet_2007.pdf

National Clearinghouse for English Language Acquisition. (2002). *Elementary and secondary LEP enrollment growth and top languages*. Retrieved May 3, 2008, from http://www.ncela.gwu.edu/pubs/reports/state-data/2000/index.htm

National Commission on Teaching and America's Future. (1996). *What matters most: Teaching for America' s future*. New York: National Commission on Teaching and America's Future. Retrieved May 4, 2008, from http://www.nctaf.org/documents/WhatMattersMost.pdf

National Council for the Social Studies. (2002). *Curriculum guidelines for social studies teaching and learning*. Retrieved January 25, 2008, from http://www.socialstudies.org/positions/curriculum

National Council of Teachers of English. (2002). *Guidelines for gender-fair use of language*. Retrieved January 31, 2008, from http://www.ncte.org/about/over/positions/category/lang/107647.htm

National Governors Association. (2005). *Graduation counts: A report of the national governors association task force on state high school graduation data.* Washington D.C.: Author.

Nelson, K. (2000, February). Measuring the intangibles. *Classroom Leadership: A Newsletter for K–12 Classroom Teachers*, *3*(5), 1, 8.

Nelson-Le Gall, S. (1985). Help-seeking behavior in learning. *Review of Research in Education, 12*, 55–90.

Nesbit, J. C., & Adesope, O. O. (2006). Learning with concept and knowledge maps: A meta-analysis. *Review of Educational Research*, *76*(3), 413–448.

Neu, T. W., & Weinfeld, R. (2007). *Helping boys succeed in school: A practical guide for parents and teachers*. Waco, TX: Prufrock Press.

Newkirk, T. (2002). *Misreading masculinity: Boys, literacy and popular culture*. Portsmouth, NH: Heinemann.

Noble, C. & Bradford, W. (2000). *Getting it right for boys...and girls*. New York: Routledge.

North Central Regional Educational Laboratory. (1997). *Critical issue: Ensuring equity with alternative assessments*. Retrieved June 13, 2008, from http://www.ncrel.org/sdrs/areas/issues/methods/assment/as800.htm

Northwest Regional Educational Laboratory. (2001). *Meeting the needs of immigrant students*. Retrieved January 5, 2008, from http://www.nwrel.org/cnorse/booklets/immigration/index.html

Northwest Regional Educational Laboratory. (2007). *Toolkit98*. Retrieved June 12, 2008, from http://www.nwrel.org/assessment/toolkit98.php

Nunley, K. (2000). In defense of oral defense. *Classroom Leadership: A Newsletter for K−12 Classroom Teachers*, February, 6.

Nunley, K. (2004). *Layered curriculum: The practical solution for teachers with more than one student in their classrooms* (2nd ed.). Amherst, NH: Brains.org.

Nuthall, G. (1999). The way students learn: Acquiring knowledge from an integrated science and social studies unit. *Elementary School Journal*, *99*(4), 303−341.

Nuthall, G., & Alton-Lee, A. (1995). Assessing classroom learning: How students use their knowledge and experience to answer classroom achievement test questions in science and social studies. *American Educational Research Journal*, *32*(1), 185−257.

Oakes, J. (1985). *Keeping track: How schools structure inequality*. New Haven, CT: Yale University Press.

Office for Standards in Education. (2003). *Boys' achievement in secondary schools* (HMI 1659). Retrieved February 22, 2008, from http://www.ofsted.gov.uk/assets/3316.pdf

Ogle, D. S. (1986). K-W-L group instructional strategy. In A. Palinscar, D. S. Ogle, B. E Jones, & E. G. Carr (Eds.), *Teaching reading as thinking: Teleconference resource guide* (pp.11–17). Alexandria, VA: Association for Supervision and Curriculum Development.

Olson, M., Chalmers, L., & Hoover, J. (1997). Attitudes and attributes of general education teachers identified as effective inclusionists. *Remedial and Special Education, 18*(1), 28–35.

Organization for Economic Cooperation and Development. (2005). *Formative assessment: Improving learning in secondary classrooms*. Retrieved January 3, 2008, from http://www.oecd.org/dataoecd/19/31/35661078.pdf

Ovando, C., & Collier, V. (1998). *Bilingual and ESL classrooms: Teaching in multicultural contexts*. Boston: McGraw-Hill.

Page, R. (1991). *Lower track classrooms: A curricular and cultural perspective*. New York: Teachers College Press.

Patchen, T. (2005, Summer). Prioritizing participation: Five things that every teacher needs to know to prepare recent immigrant adolescents for classroom participation. *Multicultural Education*, 43–47.

Payne, R. (1995). *Poverty: A framework for understanding and working with students and adults from poverty*. Baytown, TX: RFT Publishing.

PBS Parents. (2007). *Boys in school: Logical solutions*. Retrieved February 22, 2008, from http://www.pbs.org/parents/raisingboys/sch00105.html

Piaget, J. (1968). *Judgment and reasoning in the child.* (M. Warden, Trans.). Totowa, NJ: Littlefield & Adams.

Pike, K. (1995, Fall). A comparison of traditional and authentic assessments. *Teaching Exceptional Children*, 15–20.

Pike, K., & Salend, S. (1995, Fall). Authentic assessment strategies: Alternatives to norm-referenced testing. *Teaching Exceptional Children*, 15–20.

Pillard, N. (2007). *What's sex got to do with it? Sex equality and the single-sex movement*. Retrieved April 28, 2008, from http://law.usc.edu/assets/docs/Pillard.pdf

Pollack, W. (1998). *Real boys: Rescuing our sons from the myths of boyhood*. New York: Random House.

Pressley, M., Allington, R., Wharton-McDonald, R., Collins-Block, C., & Morrow, L. (2001). *Learning to read: Lessons from exemplary first-grade classrooms*. New York: Guilford.

Pressley, M., Wood, E., Woloshyn, V. E., Martin, V., King, A., & Menke, D. (1992). Strategies that improve children's memory and comprehension of text. *The Elementary School Journal*, *90*(1), 3−32.

Ramirez, M. III, & Casteneda, A. (1974). Cultural democracy: *Bicognitive development and education*. New York: Academic Press.

Revilla, A. T., & Sweeney, Y. D. (1997). *High performing/high poverty schools*. Retrieved June 13, 2008, from www.idra.org/IDRA_Newsletter/June_-_July_1997_ High_-_Performing_High_Poverty_Schools/

Richards, M. (2005). *The effects of tiered lessons on learning gain in a secondary freshman earth science course, as measured by assessment performance*. DAI-A 66/07. Retrieved December 15, 2007, from http://proquest.umi.com/pqdweb?Index=1&did=954013561&SrchMode

Roberts, J., & Inman, T. (2007). *Strategies for differentiating instruction: Best practices for the classroom*. Waco, TX: Prufrock Press.

Robinson, D. H., & Keiwra, K. A. (1996). Visual argument: Graphic organizers are superior to outlines in improving learning from text. *Journal of Educational Psychology*, *87*(3), 455−467.

Roschelle, J. (1997). *Learning interactive environments: Prior knowledge and new experience*. Institute for Inquiry. Retrieved April 30, 2008, from http://www.exploratorium.edu/IFI/resources/museumeducation/priorknowledge.html

Rousseau, J. J. (1762). *Emile: or, on education* (trans.1979). New York: Basic Books.

Rovee-Collier, C. (1995). Time windows in cognitive development. *Developmental Psychology*, *31*(2), 147–169.

Sadker, D., & Sadker, M. (2001). Gender bias: From colonial America to today's classrooms. In Banks, J., & Banks, C. (Eds.), *Multicultural education: Issues and perspectives* (pp.135–169). New York: John Wiley.

Sadker, M., & Sadker, D. (1994). *Failing at fairness: How our schools cheat girls*. New York: Touchstone.

Salvner, G., Brown, J. E., & Stephens, E. C. (Eds.). (1998). *United in diversity: Using multicultural young adult literature in the classroom.* Urbana, IL: National Council of Teachers of English.

Sandefur, S. J., Watson, S. W., & Johnston, L. B. (2007, Spring). Literacy development, science curriculum, and the adolescent English language learner. *Multicultural Education*, 41–50.

Schmoker, M. (2001). *The results fieldbook: Practical strategies from dramatically improved schools.* Alexandria, VA: Association for Supervision and Curriculum Development.

Schumm, J. S., Vaughn, S., & Sobol, M. C. (1997). Are they getting it? How to monitor student understanding in inclusive classrooms. *Intervention in School and Clinic*, *3*, 168–171.

Seidel, S. (1991). *Collaborative assessment conferences for the consideration of project work* [working paper]. Cambridge, MA: Project Zero, Harvard Graduate School of Education.

Shade, B. J. (1989). *Culture, style, and the educative process.* Springfield, IL: Charles C. Thompson.

Shavel, J. P. (1999). Social studies. In G. Cawelti (Ed.), *Handbook of research on improving student achievement* (2nd ed.). Arlington, VA: Educational Research Service.

Shrock, K. *Kathy Shrock's guide to educators: Assessment rubrics.* Retrieved June 22, 2008, from http://school.discoveryeducation.com/schrockguide/assess.html

Shulman, L. (1987). Knowledge and teaching: Foundations of the new reform. *Harvard Educational Review*, *57*, 1−22.

Slavin, R. (1987). Ability grouping and student achievement in the elementary schools: A best-evidence synthesis. *Review of Educational Research*, *57*, 293−336.

Slavin, R. (1990). *Cooperative learning.* Englewood Cliffs, NJ: Prentice Hall.

Smith, J. B., Lee, V. E., & Newmann, F. M. (2001). *Instruction and achievement in Chicago elementary schools.* Chicago: Consortium on Chicago School Research.

Smith, M., & Wilhelm, J. (2002). *Reading don't fix no Chevys.* Portsmouth, NH: Heinemann.

Snow, C., Burns, S., & Griffin, P. (1998). *Preventing reading difficulties in young children.* Washington, DC: National Academy Press.

Sommers, C. H. (2000). *The war against boys: How misguided feminism is harming our young men.* New York: Simon & Schuster.

Southern Regional Education Board (SREB) (2002). *Opening doors to the future: Preparing low-achieving middle grades students to succeed in high school.* Atlanta, GA: Author.

State of Queensland, Australia. (2002). *The new basics project/productive pedagogies: Background knowledge.* Retrieved January 14, 2008, from http://education.qld.gov.au/corporate/newbasics/html/pedagogies/connect/con2a.html

Stevens, K. (1980). The effect of background knowledge on the reading comprehension of ninth graders. *Journal of Reading Behavior, 12*(2), 151−154.

Stevens, K. (1982). Can we improve reading by teaching background information? *Journal of Reading, 25,* 326–29.

Stiggins, R. J. (1994). *Student-centered classroom assessment.* New York: Merrill.

Stiggins,R. J. (2005). *Student-involved classroom assessment* (4th ed.). Upper Saddle River, NJ: Prentice Hall.

Stiggins, R. J. (2000). *Student-involved classroom assessment.* Upper Saddle River, NJ: Prentice Hall.

Strangman, N., & Hall, T. (2004). *Background knowledge.* National Center on Accessing the General Curriculum. Retrieved January 10, 2008, from http://www.cast.org/publications/ncac/ncac_backknowledge.html

Strong, J. (2007). *Qualities of effective teachers.* Alexandria, VA: Association for Supervision and Curriculum Development.

Strong, R., Silver, H., Perini, M., & Tuculescu, G. (2002). *Reading for academic success: Powerful strategies for struggling, average, and advanced readers, grades 7–12.* Thousand Oaks, CA: Corwin Press.

Subotnik, R., & LeBlanc, G. (2001). Teaching gifted students in a multicultural society. In J. A. Banks & C. M. Banks (Eds.), *Multicultural education: Issues and perspectives* (pp. 353–376). New York: John Wiley.

Sylwester, R. (1995). *A celebration of neurons: An educator's guide to the human brain.* Alexandria, VA: Association for Supervision and Curriculum Development.

Sylwester, R. (2000). *A biological brain in a cultural classroom.* Thousand Oaks, CA: Corwin Press.

Tannenbaum, J. (1996). *Practical ideas on alternative assessment for ESL students.* Center for Applied Linguistics. Retrieved June 12, 2008, from http://www.cal.org/resources/Digest/tannen01.html

Taylor, D., & Lorimer, M. (2003). Helping boys succeed. *Educational Leadership*, *60*(4), 68–70.

Teachers 21. (2007). *Three critical actions for promoting education equity. Reshaping the profession of teaching*. Retrieved February 20, 2008, from http://teachers21.org/#

Tharp, R. (1994). Intergroup differences among Native Americans in socialization and child cognition: An ethnogenetic analysis. In Greenfield, P. and Cocking, R. (Eds.), *Cross-cultural roots of minority child development* (pp. 87–105). Hillsdale, NJ: Lawrence Erlbaum.

Thomas, W. E., & Collier, V. P. (1997). *School effectiveness for language minority students*. Washington, DC: National Clearinghouse for Bilingual Education.

Tovey, R. (1995). A narrowly gender-based model of learning may end up cheating all students. *Harvard Education Letter*, *9*, 3–6.

Ulmer, M. B. (2001, Spring). Self-grading for formative assessment in problem-based learning. *Academic Exchange Quarterly*, *5*, 68–74.

Uniserve. (2006). *Alternative strategies for science teaching and assessment.* Retrieved June 12, 2008, from http://science.uniserve.edu.au/school/support/strategy.html

U.S. Census Bureau. (2001). *Poverty: 2000 highlights*. Retrieved May 4, 2008, from http://www.census.gov/hhes/www/poverty/poverty00/pov00hi.html

U.S. Department of Education. (2007). *The nation' s report card*. National Center for Education Statistics. Retrieved January 1, 2008, from http://nces.ed.gov/nations reportcard/naep2008.asp

U.S. Department of Education, National Center for Education Statistics. (2006). *Public elementary and secondary students, staff, schools, and school districts: School Year 2003–04* (NCES 2006–307).

U.S. Department of Education, National Center for Educational Statistics. (1998).

Statistical analysis report: State survey on racial and ethnic classifications. Retrieved May 4, 2008, from http://nces.ed.gov/pubsearch/pubsinfo.asp? pubid=98034

U.S. Department of Education, National Center for Educational Statistics. (2001a). *Overview of public elementary and secondary schools and districts: School year 1999–2000*. Retrieved May 4, 2008, from http://www.nces.ed.gov/pubs2001/overview/

U.S. Department of Education, National Center for Educational Statistics. (2001b). Public school student, staff and graduate counts by state: School year 1999–2000. *Education Statistics Quarterly*. Retrieved May 4, 2008, from http://nces.ed.gov/pubsearch/pubsinfo.asp? pubid=2002348

U.S. Department of Education, National Center for Educational Statistics. (n.d.). *National assessment of educational progress: Reading*. Retrieved May 4, 2008, from http://nces.ed.gov/nationsreportcard/reading/

U.S. Department of Education, National Institute for Literacy. (2000). *Reading: Know what works*. Washington, DC: Author.

U.S. Department of Education, Office for Civil Rights. (2006). *Nondiscrimination on the basis of sex in education programs or activities receiving federal financial assistance*. Retrieved May 4, 2008, from http://www.ed.gov/legislation/FedRegister/finrule/2006-4/102506a.html

U.S. Department of Education, Office of Special Education and Rehabilitative Services. (2000). *Twenty-second annual report to congress on the implementation of the Individuals with Disabilities Education Act*. Retrieved April 23, 2008, from http://www.ed.gov/about/reports/annual/osep/2000/execsumm.html

U.S. Department of Education. (1997a). *America reads challenge: Evidence that tutoring works*. Retrieved April 23, 2008, from http://www.ed.gov/inits/americareads/resourcekit/miscdocs/tutorwork.html

U.S. Department of Education. (1997b). *Assessment of student performance: Studies of educational reform*. Retrieved May 4, 2008, from http://www.ed.gov/pubs/SER/ASP/

U.S. Department of Education. (2007). *Response to intervention—Special education research*. Retrieved May 4, 2008, from http://www.ed.gov/programs/specedintervention/legislation.html

U.S. Department of Health and Human Services. (2007). *The 2007 HHS poverty guidelines*. Retrieved May 4, 2008, from http://aspe.hhs.gov/poverty/07poverty.shtml

Vacca, R. (1981). *Content area reading*. Boston: Little, Brown.

Vaughn, S., & Wanzek, J. (2007). *National Center for Learning Disabilities*. Retrieved May 4, 2008, from http://www.ncld.org/content/view/1226

Viadero, D. (2007). *ADHD experts fear brain-growth study being misconstrued*. Retrieved May 4, 2008, from http://www.edweek.org/ew/articles/2007/12/05/14adhd.h27.html?print=1

Viadero, D. (2006). Concern over gender gaps shifting to boys. *Education Week*, *25*(27), 1, 16−17.

Vissing, Y. M. (1996). *Out of sight, out of mind*. Lexington: University Press of Kentucky.

Walberg, H., & Paik, S. (2005). Making giftedness productive. In R. Sternberg & J. Davidson (Eds.), *Conceptions of giftedness* (2nd ed.) (pp. 395−410). Cambridge: Cambridge University Press.

Webb, M. (1990). *Multicultural education in elementary and secondary schools*. ERIC Digest #67. Retrieved April 23, 2008, from http://www.ericdigests.org/pre-9218/secondary.htm

Wheelock, A. (1992). *Crossing the tracks: How untracking can save America' s schools*. New York: New Press.

Wiggins, G. (2000). *Educative assessment: Designing assessments to inform and improve student performance*. San Francisco: Jossey-Bass.

Wiggins, G., & McTighe, J. (1998). *Understanding by design*. Alexandria, VA: Association for Supervision and Curriculum Development.

Wiggins, G., & McTighe, J. (2005). *Understanding by design* (2nd ed.). Alexandria, VA: Association for Supervision and Curriculum Development.

Williams, B. (2006, Fall). Lessons along the cultural spectrum. *Journal of Staff Development, 27,* 10–14.

Willis, J. (2006). *Research-based strategies to ignite student learning*. Arlington, VA: Association for Supervision and Curriculum Development.

Wilson, G. (2003). *Using the national healthy school standard to raise boys' achievement*. United Kingdom Department for Education and Skills. Retrieved May 4, 2008, from http://www.standards.dfes.gov.uk/genderandachievement/nhss_boys_achievement2.pdf? version=1

Wininger, S., & Norman, A. (2005). Teacher candidates'exposure to formative assessment in psychology textbooks: A content analysis. *Educational Assessment*, *10* (1), 19–37.

Witkin, H. A., Moore, C. A., Goodenough, D. R., & Cox, P. W. (1977). Field-dependent and field-independent cognitive styles and their educational implications. *Review of Educational Research*, *47*, 1–64.

Woodward, A., & Elliot, D. (1990). Textbook use and teacher professionalism. In D. Elliot, & A. Woodward (Eds.), *Textbooks and schooling in the United States* (89th Yearbook of the National Society for the Study of Education) (pp.178–193). Chicago: University of Chicago Press.

World Almanac (Ed.). (2008). *World almanac for kids*. New York: World Almanac.

Wormelli, R. (2006). *Fair isn't always equal: Assessing and grading in the differentiated classroom.* Portland, ME: Stenhouse.

Younger, M., & Warrington, M. (2005). *Raising boys' achievement.* Retrieved May 3, 2008, from http://www.dfes.gov.uk/research/data/uploadfiles/RR636.pdf

Zemelman, S., Daniels, H., & Hyde, A. (1998). *Best practice: New standards for teaching and learning in America's schools.* (2nd ed.). Portsmouth, NH: Heinemann.

Zemelman, S., Daniels, H., & Hyde, A. (2005). *Best practice: New standards for teaching and learning in America's schools* (3rd ed.). Portsmouth, NH: Heinemann.

Zirkel, S. (2002). Is there a place for me? Role models and academic identity among white students and students of color. *Teachers College Record, 104*(2), 357−376.

译后记

课堂教学是最悠久的教育实践之一。然而，在这个信息技术迅猛发展、网络教育大行其道的时代，课堂教学却似乎有所落寞。与巨大的教育质量需求相比，教师课堂教学技术和策略的培训相对落后。这一问题在世界各国普遍存在，只是在程度上有所差异。在庞大的教育研究者队伍中，课堂教学实践经验丰富且能深入浅出、行之以文、面向实操之人，殊为可贵。本书作者即为此例。本书不是为了追求或推动某些教育理论、模式等，而是针对美国乃至世界各国教育的标准化运动对课堂教学重视不足的现状，统揽现有教育教学研究成果，为教师课堂教学提供可靠、有效且有趣的实用工具和方法，使其真正结合学生实际情况，并最终达到提升学生学业成就的目的。

这正是我们选择本书并将其译名为“专注学习：给师生的 101 条课堂策略”的初衷，也是期望所在。专注，意味着厘清学生原有知识及个体多样性、甄选课堂教学方法、精设教学过程、慎用教学评价，激发热情、反思偏见，始终以学生学习为最终诉求。其中需要特别提及的是“策略”一词。这是本书的精华所在。与有些论文、著作中大而化之的策略不同，本书策略注重实操、唯物唯实，讲求将理论诉求落实为教师即时可用且富有拓展性的教学实践技巧。

本书翻译分工具体如下：仇晓春翻译了作者简介、前言、致谢、导论、第 1 章、第 2 章、第 3 章、第 5 章，葛益岑翻译了第 4 章和第 6 章，全书由仇晓春校译和统稿，盛群力审订。衷心感谢浙江教育出版社的大力支持，感谢责任编辑认真细致的工作。

恳请读者对本书翻译中出现的错误或不足给予批评指正。

仇晓春

2022年5月1日